Wilhelm Landgrebe

Ludwig Nommensen

BRUNNEN VERLAG GIESSEN/BASEL

ABCteam-Bücher erscheinen in folgenden Verlagen:
Aussaat- und Schriftenmissions-Verlag Neukirchen-Vluyn
R. Brockhaus Verlag Wuppertal
Brunnen Verlag Gießen
Bundes Verlag Witten
Christliches Verlagshaus Stuttgart
Oncken Verlag Wuppertal

Jubiläumsausgabe
Ein Band aus der Reihe „ZEUGEN DES GEGENWÄRTI-
GEN GOTTES", einer Biographiensammlung, deren erste
Bände 1936 erschienen.

CIP-Kurztitelaufnahme der Deutschen Bibliothek

Landgrebe, Wilhelm:
Ludwig Nommensen: [„ – Mit Gott rechnen wie mit
Zahlen"] / Wilhelm Landgrebe. –
3., bearb. Aufl., Jub.-Ausg. –
Gießen; Basel: Brunnen-Verlag, 1986. –
(ABC-Team; 3807: Taschenbücher)
ISBN 3-7655-3807-8
NE: GT

3., bearbeitete Auflage

© 1986 Brunnen Verlag Gießen
Umschlaggestaltung: Martin Künkler
Die Abbildungen auf den Seiten 15, 25, 69, 109 sowie das
Umschlagfoto wurden uns freundlicherweise von der Ver-
einigten Evangelischen Mission zur Verfügung gestellt.
Satz: Typostudio Rücker & Schmidt
Herstellung: Ebner Ulm

Inhalt

Vorwort

Im Oktober 1986 feiert die Christlich-Protestantische Batak-Kirche (Huria Kristen Batak Protestan = HKBP) ihr 125jähriges Jubiläum. Mit fast zwei Millionen Gemeindegliedern ist sie die größte protestantische Kirche nicht nur in Indonesien, sondern in ganz Asien. Das Batak-Volk ist heute in Indonesien als christliches Volk bekannt: Alle Batak-Kirchen zusammen haben etwa drei Millionen Mitglieder. Das Werden und Wachsen dieser Kirchen ist eines der eindrucksvollsten Kapitel der Missionsgeschichte des 19. und 20. Jahrhunderts.

Viele Missionare sind von der Rheinischen Mission ins Batak-Land entsandt worden. Sie alle haben mit dem Einsatz ihrer ganzen Person als Boten des Evangeliums gewirkt und damit wichtige Aufbauarbeit geleistet. Ingwer Ludwig Nommensen jedoch war der Pionier der ersten Stunde. Ganz auf sich gestellt zog er ins Toba-Batak-Land. Anfänglichen Feindseligkeiten, die bis zu offenen Mordanschlägen reichten, begegnete er mit bewundernswerter Liebe, Geduld und Schlagfertigkeit. Er wußte sich von Gott an diesen Platz gestellt und konnte darum sagen: „Ich bin jetzt bei euch und werde nie wieder fortgehen."

Nommensen bezog seinen Glauben ganz selbstverständlich in den Alltag ein. „Mit Gott rechnen wie mit Zahlen" – das war sein Motto. Er rechnete mit Gottes Sieg über alle Widerstände der an ihre grausame animistische Religion gebundenen Volksgemeinschaft der Batak. Mit unendlicher Ausdauer suchte er Wege zu den Herzen der Menschen. Und es gelang ihm, eine Bresche in die Mauer des Widerstandes zu schlagen, den Haß zu überwinden. Wie kein anderer gewann er das Vertrauen der Batak. Er verhandelte mit Häuptlingen, wenn es darum ging, Missionsstationen zu errichten und Gemeinden zu gründen. Auch die Rheinische Missionsgesellschaft erkannte recht bald seine Gaben und Einflußmöglichkeiten. Schon 1881 ernannte sie ihn zum Ephorus der jungen Missionskirche und stattete ihn mit weitreichenden Vollmachten aus.

Die Batak fühlten sich von Nommensen verstanden, zumal er ihre geistigen Fähigkeiten erkannte und förderte. Es ist nicht von ungefähr, daß die Batak Nommensen als ihren Apostel verehren. Sie haben ihm den Ehrentitel Ompu, d.h. Großvater, Stammvater des ganzen Batak-Volkes, gegeben. In der Art, wie er lebte und sich den Menschen gegenüber verhielt, wurde er den Batak ein Batak. Seine Liebe, sein bedingungsloser Einsatz, seine Bereitschaft, Entbehrungen auf sich zu nehmen und persönliche Opfer zu bringen, haben sich in die Erinnerung des Batak-Volkes eingegraben. So entschieden sie sich 1954 auch einmütig dafür, der neugegründeten Universität der HKBP den Namen Nommensen-Universität zu geben. Die Wertschätzung, die Nommensen unter den Batak genießt, hat der langjährige Ephorus Justin Sihombing einmal so beschrieben:

„Nommensen war das Werkzeug, das Gott gebraucht hat, als Pionier, als Wegbereiter des Evangeliums im Batak-Land. Er hat den Grund gelegt. Wie mannigfaltig die Entwicklung und die Ausbreitung der Batak-Kirche jetzt auch sein mag, wie beim Pflanzenwuchs, es ist nichts dabei, das in seinem Ursprung nicht irgendwie auf ihn zurückgeht. Gewiß, Gott hat es wachsen und gedeihen lassen."

Die Biographie von Wilhelm Landgrebe, die 23 Jahre nach ihrem Erscheinen, leicht bearbeitet, neu herausgegeben wird, zeichnet in treffenden Strichen ein Bild der Person Nommensens. Sie vermittelt uns keinen Eindruck von der ungeheuren Entwicklung der Batak-Kirche seit ihrer Selbständigkeit im Jahre 1940. Aber sie zeigt deutlich, in welcher Weise das Fundament gelegt wurde, auf dem sich eine selbstbewußte und unabhängige Kirche bilden konnte. Nommensen hatte diese Entwicklung von Anfang an vor Augen. Er war darauf bedacht, die Eigenverantwortung der Batak für ihre Gemeinde und für ihre Kirche zu stärken. Darum suchte und fand er Wege, um die Batak für die Ämter in der Kirche zuzurüsten: als Älteste, als Lehrer, als Evangelisten, als Pastoren.

Die geistige Lebendigkeit, die heute in der Batak-Kirche anzutreffen ist und an der die Laien einen so erheblichen Anteil haben, ist eine Frucht des Samens, der in den ersten Jahrzehnten gesät wurde. Gerade in unserer Zeit, in der die Mission des 19. und Anfang des 20. Jahrhunderts oft pauschal mit Kolonialismus und der Zerstörung einheimischen kulturellen Erbes gleichgesetzt wird, ist es wichtig, sich stärker mit Leben und Werk eines Mannes wie Ingwer Ludwig Nommensen zu beschäftigen.

Nordstrand, im April 1986   Hauke Heuck

Saat der Hoffnung

Sumatra, eine der reichen Sundainseln, wurde schon bald nach der Kolonialisierung durch die Holländer von Missionaren besucht. Zuvor allerdings hatte es unter der unersättlichen Habgier der Ostindischen Kompanie, einer Handelsgesellschaft, zu leiden. Sie sah in den reichen Bodenschätzen ausgiebige Gewinnmöglichkeiten, ohne sich um das Wohl der Eingeborenen zu kümmern. Lediglich einige holländische kirchliche Kreise trieben Missionsarbeit. Im Verlauf der Siegesjahre Napoleons wurden diese Kolonien für kurze Zeit französisch, bald aber von den Engländern erobert, die sie bis zum Jahre 1824 in Besitz hatten. Dem Einfluß des englischen Gouverneurs Sir Stamford Raffles, einem entschiedenen Christen mit großem Weitblick, ist es zu danken, daß viel für die kulturelle Erschließung des Landes geschah und Sendboten der englischen Baptisten nach Sumatra kamen.

Die beiden Missionare Ward und Burton gewannen nach einer vorbereitenden Untersuchungsreise günstige Eindrücke. Man kam ihnen nicht unfreundlich entgegen und half ihnen beim Erlernen der unerforschten Sprache. Es gelang Burton, das erste Kapitel der Bibel in die Bataksprache zu übersetzen. Auf beschwerlichen Urwaldpfaden drang er tief in das Innere des Landes vor, geleitet und beschützt von befreundeten Häuptlingen. Er konnte in großen Volksversammlungen die Zehn Gebote erklären, sprach von der Auferstehung der Toten und vom Weltgericht; er redete davon, daß die Menschen wiedergeboren und erneuert werden müßten. Zu einem rechten gegenseitigen Verstehen kam es allerdings nicht; immerhin schied man mit gegenseitigen Freundschaftsbeteuerungen voneinander. Bei dem Mangel an Kenntnis heidnischer Sprache und Denkweise war dies nicht verwunderlich. Eine bedenkenlose Annahme des Evangeliums wäre in der Missionsgeschichte etwas Unerhörtes gewesen.

Diese erfreulichen missionarischen Anfänge wurden bald zerstört. Sumatra kam wieder in den Besitz der Holländer; schwere politische Erschütterungen, ausgelöst durch eine fanatische malaiisch-mohammedanische Sekte, die Padris, verwüsteten das Land. Jene grausamen, jahrelangen Raubzüge sollten die heidnischen Bewohner zwingen, zum Islam überzutreten. Erstaunlicherweise blieben die Bataks unter dem gewaltsamen mohammedanischen Ansturm ihrem Heidentum treu und ließen sich lieber töten, als daß sie zum verhaßten Islam übertraten. In diesen Wirren fand der erste Missionsversuch ein rasches Ende.

Die Bostoner Missionsgesellschaft entsandte im Jahre 1834 ihre Missionare Munson und Lyman nach Sumatra, die alle Spuren Burtons verweht fanden. Beide Männer waren von glaubensmutigem Eifer erfüllt und schickten sich sofort an, in das Innere des Landes zu reisen, obgleich sie weder der Sprache mächtig waren noch, wie es bei Reisen unter wilden Volksstämmen notwendig war, zuvor Freundschaft mit einflußreichen Häuptlingen geschlossen hatten. Den Rat eines wohlwollenden Häuptlings, sich von Dorf zu Dorf durch vertrauenswürdige Häuptlinge weiterführen zu lassen, befolgten sie nicht und gerieten so ins Verderben. In der Nacht, die dem Aufbruch vorausging, schrieb Lyman bei flackerndem Kerzenlicht einen Brief: „Sibolga, Mitte Juni 1834. Morgen brechen wir nach dem Innern auf. Was uns neulich noch Ward in Padang erzählte von seiner Reise zusammen mit Burton vor neunzehn Jahren nach den Hochtälern von Silindung, hat uns endgültig bestärkt, den Weg zu den wilden Stämmen der Bataks zu wagen. Zwar ist es vermutlich dort so wie hier in Sibolga, daß fast jedes Erinnern an die kurze Wirksamkeit jener beiden Männer verlorenging, aber das unendliche Staunen, mit dem die Bataks einst ihre Botschaft vom Tuan Djesus aufnahmen, lockt uns unwiderstehlich, zu versuchen, diese gefürchteten Stämme im Innern zu ihm zu führen, dem großen Eroberer der Erde. Weil wir wissen, daß er Sieger bleiben wird im Kampf um die Welt, dürfen wir nicht zögern, auch in dies Land düsteren Schauders einzudringen, ein neues Volk im großen Kampf um die Welt zu befreien von seinem Dunkel durch die Frohbotschaft von dem, der uns eben in alle Welt schickt und ‚alle Völker' zu seinen Jüngern zu berufen gesandt hat."

Mühselig kämpften sich die beiden Missionare durch den Urwald weit in das Innere des Landes hinein. Als der Blick nach Überwindung des Urwaldgürtels freier wurde und die Eingeborenen ihnen zwar neugierig, aber nicht feindselig entgegentraten, waren Mühsal und Warnungen schnell vergessen. Am Abend des 28. Juni 1834, als die Missionare mit ihren Begleitern wieder, wie es schon Gewohnheit war, einem vor ihnen liegenden Dorf zustrebten, wurden sie plötzlich von einer Schar im Hinterhalt liegender bewaffneter Bataks überfallen. Ihre Begleiter, Lastträger und Dolmetscher, flohen erschreckt davon, Lyman und Munson gingen waffenlos dem anstürmenden Haufen entgegen. Lyman wurde durch einen Flintenschuß, Munson durch Speerwürfe getötet, die beiden Leichen von den Mördern nach batakscher Weise verzehrt. Den Plan zur Ermordung der beiden Weißen hatten die Häuptlinge des Dorfes Si Sakkas bei ihrem Herannahen in der Meinung gefaßt, daß die Missionare gekommen seien, ihre Sitten zu ändern und ihre politische Selbständigkeit zu brechen. Wahrscheinlich wäre diese Bluttat nicht geschehen, wenn die Missionare Kenntnis von Land, Leuten und Sprache gehabt und schrittweise vorgegangen wären. Die Mutter Lymans klagte beim Eintreffen der Todesnachricht nicht, sondern weinte darüber, daß sie nicht noch einen Sohn habe, den sie zum Missionsdienst nach Sumatra senden könne.

Diese traurige Katastrophe schreckte die Bostoner Missionsgesellschaft nicht ab, noch einen weiteren Missionar in die südlichen Teile des Landes zu entsenden. Mangelndes Verständnis der Kolonialregierung verhinderte das Wachsen einer Missionsniederlassung. Dadurch gelang dem Islam ein Einbruch in diesem Landesteil. Missionar Ennis fand trotz vieler fanatischer Mohammedaner in diesem Gebiet weithin freundliche Aufnahme; wo er hinkam, hörte man bereitwillig seine Botschaft an, „stets am meisten betroffen von der Zuversicht, mit welcher er die Auferstehung der Toten verkündigte".

Zwanzig Jahre sollten vergehen, in denen scheinbar niemand sich um die heidnischen Bataks kümmerte. Aber die Wege, auf denen es doch wieder zu einer nachhaltigen Missionsarbeit in Sumatra gekommen ist, offenbaren es, daß Gottes Gedanken nicht unsere Gedanken und Gottes Wege nicht unsere Wege sind. Sie bezeugen Weisheit und freundliche Führung Gottes. Ein junger Holländer, van Asselt, dessen Lebenswunsch es war, Heidenmission zu betreiben, konnte 1856 nach Sumatra abgeordnet werden.

Es war ein schwerer Anfang. Die fremde Sprache mußte er den Leuten vom Munde ablesen, selbst ein Haus bauen und vor allem versuchen, das Vertrauen der mißtrauischen Einwohner zu gewinnen. Da der holländische Gouverneur des Landes auf Grund bisheriger Erfahrungen die Verantwortung für das Leben eines Missionars nicht übernehmen wollte, wurde ihm eine Stelle im Regierungsdienst als Plantagenaufseher angeboten. Nach einigem Zögern griff van Asselt zu, weil er erkannte, daß er nur auf diesem Wege zu missionarischem Dienst kommen könnte. Die Verschlossenheit der Bewohner und das Eindringen des Islam verhinderten nennenswerte Erfolge. In den anderthalb Jahrzehnten seiner Arbeit wagte er auf beschwerlichen Wegen Vorstöße in das Landesinnere, angetrieben durch seine Zähigkeit, unerschütterlichen Mut und starkes Gottvertrauen. Er begegnete überall dem hinterlistigen und unehrlichen Charakter der Bewohner und großer Verständnislosigkeit der abgestumpften Heiden. Ihnen war die christliche Botschaft von geistlichen Gütern, Sündenvergebung und ewiger Seligkeit unverständlich und interessierte sie auch nicht sonderlich. Oft mußte der Missionar hören: „Wenn du uns mit deiner Religion nicht langes Leben, Viehreichtum, volle Scheunen und Kindersegen garantieren kannst, dann verschone uns damit!"

Es ist ein langer Weg, ehe ein Mensch Sehnsucht und Sinn für Gaben bekommt, die sich nicht auf Essen, Trinken und irdische Freuden beziehen. Die grundlegende Arbeit dieses treuen Mannes hat durch Aneignung der Sprache, Studium des Volkes und seiner Religion Vorbedingungen geschaffen, die für jeden Missionar, der nach ihm kam, von erheblichem Nutzen waren.

Die Wende kam, als auf der Nachbarinsel Borneo im Jahre 1859 bei einem Aufstand sieben Missionare den Tod fanden. Nun wollte die Rheinische Mission entschlossen die Missionierung der Bataks in Angriff nehmen. Die übrigen wie durch ein Wunder geretteten Missionare suchten neue Arbeitsfelder. Als die heimatliche Mission bei ihren Beratungen auch Kontakt zu maßgebenden holländischen Männern aufnahm, erfuhr man von der Tätigkeit des holländischen Missionskomitees, das seit Jahren mit einigen Missionaren den Kampf gegen das bataksche Heidentum aufgenommen hatte. Man suchte freundliche Verständigung, fand herzliches Entgegenkommen und war sogar bereit, die von Holland ausgesandten Missionare an die Rheinische Missionsgesellschaft abzugeben und dieser Sumatra allein zu überlassen. So fand am 7. Oktober 1861 eine entscheidende Konferenz statt, auf der die vier aus Borneo nach Sumatra gekommenen Missionare beschlossen, zunächst vier Stationen anzulegen. Das Gotteswort für diesen Tag fanden sie bei dem Propheten Micha, Kap. 4, Vers 1-5: „... und die Völker werden dazulaufen... Sie werden ihre Schwerter zu Pflugscharen und ihre Spieße zu Sicheln machen... Wir wandeln im Namen des Herrn, unseres Gottes, immer und ewiglich." Mit dieser Losung begannen die Vorbereitungen für die Entscheidungsschlacht um das heidnische Batakvolk im Silindungtal und im Tobaland.

Der Ruf Gottes

Im Jahre 1834, also dem Jahr der grausamen Tat in Si Sakkas, wurde auf der friesischen Marschinsel Nordstrand Ludwig Ingwer Nommensen als Sohn eines Schleusenwärters geboren. Schon mit sieben Jahren war er ein kluger, aufgeweckter Junge, der schon sehr früh die elterliche Gänseherde hüten mußte. Von der kleinen Insel konnte er über das weite Meer hinausschauen. Das Elternhaus lugte nur wenig über den hohen Außendeich. Wenn er am Abend frohgemut mit seiner Gänseherde heimkehrte, erwarteten ihn zu Hause keine großen Lekkerbissen; aber auch bei Erbsensuppe, Pferdebohnen, trockenen Kartoffeln und Roggenmehlbrei wurde der kleine Ludwig kräftig. Gänsehüten machte ihm mehr Freude, als ruhig auf der Schulbank sitzen und lernen zu

Geburtshaus von Nommensen in Nordstrand.

müssen; dennoch stand der kleine friesische Flachskopf eines Tages vor seiner Mutter und meinte wichtigtuerisch: „Mutter, ut mie ward noch mal wat Grootes."

Mit neun Jahren rückte der Gänsejunge zum Schafhirten auf, deshalb blieb der Schulbesuch stets lückenhaft; doch das bereitete Ludwig keine Sorgen. Vom Stillesitzen war er kein Freund. Als er wieder einmal wenig Lerneifer verspürte, hatte er den Lehrer gefragt: „Is dat in der Schule nicht bald Middag?" Am liebsten trieb er sich mit seinen Spielgefährten draußen herum. Bei jedem Spiel mußte er dabeisein. Wenn er als Anführer fehlte, wollte es nicht recht gelingen. Die Halligjungen sagten dann: „Wenn Nommensen to käm, wär dat Spiel fertig. He wüßt wat an den Dag to geben." Jedoch die Jahre unbeschwerten Spielens währten nicht lange; mit zehn Jahren war er Dachdeckerlehrling, mit elf Jahren Pferdeleiter beim Pflügen. Der geschickte Junge war überall zu gebrauchen. Von Nutzen sind diese Jahre oft überharter Arbeit sicherlich gewesen; denn ohne es zu ahnen, gewann er für alle Lebenslagen seines künftigen Berufs geschickte Hände zum Zupacken, einen genügsamen Sinn und den praktischen Blick für das Erkennen des Notwendigen. Wenn über den früh einsetzenden Pflichten der Schulbesuch oft zu kurz gekommen ist, so hat es der Ratschluß Gottes gefügt, daß der Junge mit 13 Jahren durch eine harte Schule geführt wurde, die aber nicht ohne reichen Segen für sein späteres Leben geblieben ist.

Eine Unachtsamkeit beim Spielen war es, daß die Kinder das Herannahen eines Wagens nicht bemerkten. Ehe Ludwig zur Seite springen konnte, rollte dieser mit seinen Rädern über ihn hinweg. Schwerverletzt an beiden Beinen wurde er nach Hause getragen. Die Wunden verschlimmerten sich; alle ärztliche Hilfe brachte keine Besserung. Wochen, Monate war der Junge ans Bett gefesselt, für den das Spielen und Tummeln in freier Luft gewöhnten Ludwig eine harte Geduldsprobe. Bücher gab es im Hause nicht bis auf die Bibel, die seine Mutter dem Kranken überließ. Im Neuen Testament gefielen ihm die Geschichten von den Krankenheilungen am meisten und weckten in ihm den Wunsch, daß doch der Herr Jesus auch so an sein Bett treten und zu ihm sagen möchte: Stehe auf! Doch noch immer zeigten sich keine Merkmale einer Genesung; es war schon ein Jahr vergangen, daß er auf dem Krankenbett lag.

Eines Tages stieß er bei seinem Bibellesen auf das Wort der Verheißung: „Was ihr bitten werdet in meinem Namen, das will ich tun." Im Innersten tief bewegt, fragte der Junge seine Mutter: „Mutter, geschehen denn heute auch noch Wunder? Gilt am Ende solche Verheißung auch für mich?"

Die Mutter konnte nur antworten: „Wenn es in der Bibel steht, dann ist es auch so; die Bibel ist ja Gottes Wort", obwohl sie im Herzen dachte, das war nur zu Jesu Zeiten so. Ernsthaft rechnete sie jedenfalls nicht damit, daß Jesus auch heute große Dinge tun kann. Aber der kranke Junge klammerte sich mit aller Macht, kindlich und voll gläubigen Vertrauens, an das gelesene Wort und begann um seine Heilung zu beten. In seinem Herzen gelobte er, wenn Gott ihn gesund werden lasse, als Missionar zu den Heiden zu gehen und das Evangelium von der rettenden und seligmachenden Botschaft des gekreuzigten und auferstandenen Heilandes der Welt zu verkündigen.

Um diese Zeit begann eine neue Arznei den Heilungsprozeß zu beschleunigen. Nach einigen Wochen war alles geheilt, Ludwig konnte wieder aufstehen. Der erste deutliche Eindruck, daß Jesus gegenwärtig lebt und wirkt, bestärkte den Dreizehnjährigen in seinem Entschluß, als Missionar zu den Heiden zu gehen. Sein Leben hatte nun ein großes Ziel bekommen. Konnte es Schöneres geben, als diesem Gott, der treues Beten erhörte, so zu danken, daß man sich ganz in seinen Dienst stellte?

Zunächst war der Plan, sich als Missionar ausbilden zu lassen, nicht zu verwirklichen; es hieß noch einmal geduldig zu warten. Durch den Tod des Vaters wurde der Vierzehnjährige Halbwaise und mußte erst einmal durch Arbeit bei Bauern den Lebensunterhalt für seine Mutter, seine Schwester und sich selbst verdienen. Darüber verging ein Jahr ums andere; sein Lebensziel, Missionar zu werden, rückte in immer ungewissere Ferne. Aber die Not der Heiden und der brennende Wunsch, diesen Menschen zu helfen, ließen ihn nicht los.

Als Nommensen zwanzig Jahre alt war, willigte die Mutter in seine Pläne ein, und er nahm Abschied vom Elternhaus. Er hatte keine deutlichen Vorstellungen davon, was zu dem Rüstzeug eines Missionars gehört und wie er den Heiden wirklich helfen könne. Mit Bibel, Gesangbuch und Katechismus im Reisegepäck fuhr er hinüber auf die Nachbarinsel Föhr. Er hatte die Absicht, sich dort auf einem Schiff als Matrose anwerben zu lassen, nach einigen Wochen Seefahrt irgendwo an Land zu gehen und mit der Predigt unter den Heiden zu beginnen. Doch Gott bewahrte ihn glücklicherweise vor seinen törichten Plänen, die ohne Vorbereitung elend gescheitert wären. Schiffe fanden sich zahlreich im Hafen von Föhr, aber kein Kapitän brauchte einen Matrosen. So wurde er gezwungen, eine andere Arbeit zu suchen.

Nach zahlreichen Aushilfsarbeiten auf verschiedenen Bauernhöfen vermittelte ihm der Propst in Tondern eine Stelle als Schulhelfer bei einem Lehrer in Risum. Einen Winter lang mußte er sich kümmerlich durchschlagen. In der Frühe den Viehstall besorgen, die Schulstube fegen, die Betglocke läuten, Gänsekielfedern schneiden, Tafel reinigen, Liednummern in der Kirche anstecken und ähnliche Arbeiten. Dann brauchte der Lehrer seine Dienste nicht mehr. Durch eine wunderbare Fügung Gottes wurde ihm dann in einer bäuerlichen Privatschule eine Hilfslehrerstelle übertragen. Anläßlich einer Schulvisitation richtete der Pfarrer in seiner Eigenschaft als Schulinspektor eines Tages an ihn die Frage, wie er sich seine weitere Ausbildung denke, und welches Lehrerseminar er zu besuchen wünsche. Ludwig, den diese Frage zunächst verwirrt hatte, offenbarte dem geistlichen Herrn seinen stillen Lieblingswunsch: „Nicht Lehrer, sondern Missionar möchte ich werden!" Groß war seine Überraschung, als er hörte, daß es Missionshäuser gibt, wo man für den Dienst an den Heiden ausgebildet werden kann. Dem Rat des freundlichen Schulinspektors folgend, verblieb der Schulgehilfe zunächst noch in seinem Dienst und benutzte alle freien Stunden, um eifrig Deutsch, Latein und Englisch zu lernen. Er studierte fleißig Missionsschriften, die ihm deutlich machten, daß ohne gründliche Ausbildung niemand in die Mission ausgesandt werden kann.

Ein ihm freundlich zugetaner Pastor berichtete dem Barmer Missionshaus von dem jungen Schulgehilfen und seinem brennenden Wunsch, in den Dienst der Mission zu treten. Die Antwort aus dem Missionshaus war zurückhaltend; immerhin wurde Nommensen aufgefordert, seinen Lebenslauf einzusenden.

Das Warten mußte der junge Mann weiter lernen. Gott, der ihn sich zu seinem Werkzeug ausgewählt hatte, ließ ihn durch eine entsagungsvolle Schule gehen. Aber Nommensen konnte es nicht abwarten, seinem Lebensziel näherzukommen. Noch einmal besuchte er seine Familie auf Nordstrand und reiste dann geradewegs nach Barmen ins Missionshaus.

Der eigenwillige Bittsteller fand hier keine sehr freundliche Aufnahme; man ließ ihn stundenlang unbeachtet vor der Tür stehen. Doch dadurch ließ er sich nicht entmutigen; still und geduldig stand er mit freundlichem Gesicht und wartete. Damit aber überwand er das Herz des Inspektors Wallmann, der die Überzeugung gewann, daß ein junger Mann, der so warten kann, auch noch mehr und anderes fertigbringt.

Eifrig hat er vom Jahr 1857 an dann die Schulbank im Barmer Missionshaus gedrückt. Klare Glaubensgewißheit erfuhr er während dieser Jahre. Aus Briefen an seine Verwandten und Freunde und in den schlichten Andachten, die er als Missionsschüler zu halten hatte, war es zu spüren, welchen tiefen geistlichen Einfluß er auf Menschen ausübte, mit denen er in Berührung kam. Dies erwies sich besonders bei seinem Abschiedsbesuch in der Heimat, wo unter den sonst eher kühlen und verschlossenen Friesen eine Erweckungsbewegung entstand.

Von überallher eilten die Halligbewohner herbei, weil sie den „Gänsejungen" von einst noch einmal sehen wollten; die Bauern, die Schulkameraden, die Knechte beim Deichgrafen drängten sich herzu, er sollte erzählen. Dabei war ihm das Wichtigste, davon zu sprechen, daß Jesus Christus in die Welt gekommen ist, um die Sünder selig zu machen. Zur Ruhe kam er in diesen Wochen nur selten; Abend für Abend hielt er Bibelstunden und mußte bis in die späte Nacht bleiben, um allen zu antworten, die Fragen hatten. In Husum sagten viele Leute nach seiner Abreise: „Dat is man gut, dat de Keerl weg is; denn he hat ja man all Lüd dösig makt, wenn he wat länger blewen war. De ole Halliglüde wart'r nu ok wol ganz verrückt maken; denn de sind so all ganz wunderlich."

Einen kurzen Aufenthalt in Holland benutzte der junge Missionar, um die Anfangsgründe der malaiischen und batakschen Sprache zu lernen. Dann brachte ihn ein Segelschiff nach Sumatra, wo bereits einige Missionare im Kampf um die Hochburg des Heidentums, das Volk der Bataks, standen.

Im Kampf mit dem Heidentum

Achtundzwanzigjährig stand Ludwig Nommensen zum erstenmal am Strand Sumatras in der kleinen Hafenstadt Baros. In der Ferne erhoben sich dunkle Berge, im Wind wiegten sich die Kronen langschäftiger Palmen, vom Meer her drängte die Flut unablässig schäumend in die Bucht, nachts glänzte aus der Menge der flimmernden Sterne hoch und still das Kreuz des Südens.

Sein Plan war, von hier aus nach Toba vorzudringen, ein Gebiet, in dem bis dahin noch kein Weißer gewesen war. Zunächst widmete er sich in Baros eingehend dem Studium der Landessprache und teilte Medizin an Kranke aus, die immer wieder ratsuchend zu ihm kamen. Schon damals trug er sich mit dem Gedanken, Eingeborene als Lehrer auszubilden; denn „die eingeborenen Christen finden viel leichter Glauben als wir". Tiefen Eindruck machten auf ihn der Bekennermut und Zeugeneifer der Mohammedaner.

Bald unternahm er eine Forschungsreise in das Hinterland. Mit der ihm eigenen Geduld und Gutmütigkeit ging Nommensen jederzeit auf alle Fragen und Belästigungen der Eingeborenen ein, spielte ihnen stundenlang auf seiner Ziehharmonika vor, einem „Tier, das sie noch nie hatten schreien hören", wohnte unter ihnen in den schmutzigen Häusern, die voll Lärm und Ungeziefer waren. Damit erwarb er sich Vertrauen und Freundschaft, nicht zuletzt auch unter den Häuptlingen, von deren Gunst das weitere Eindringen in das Landesinnere abhing.

Noch einmal durchkreuzten die holländischen Behörden für einige Monate seine Pläne, nach Toba, dem Mittelpunkt des batakschen Heidentums, vorzudringen. Im

Oktober 1863 setzte er es endlich durch, daß man ihm den Weg in die Landschaft Silindung freigab. Er „traute es seiner geehrten Gesellschaft zu, daß sie nicht rückwärts, sondern vorwärts will". Als er nach wochenlangem Fußmarsch am Rand eines Gebirges ankam, bot sich ihm ein prachtvoller Blick über das liebliche Tal von Silindung mit seinen wohlgepflegten Reisfeldern, in das zahlreiche Dörfer eingebettet waren.

Der junge Missionar gelobte seinem Gott, hier zu leben und zu sterben in der Gewißheit, daß Gott ihm hier unter den als besonders grausam bekannten Heiden die eigentliche Lebensaufgabe gestellt habe. Jedoch bedurfte es noch einmal langer und mühseliger Verhandlungen mit den Häuptlingen dieses Gebiets, deren Gunst er durch große Freundlichkeit und unerschöpfliche Geduld zu erwerben wußte. Schließlich erhielt er die Erlaubnis, sich in Silindung anzusiedeln. Der Beginn eines neuen Abschnitts in der Geschichte der Batakmission war gekommen.

Was war das für ein Volk, zu dem Nommensen wehrlos kam, um mit ihm zu leben? Die Bataks waren zu jener Zeit ein wildes, aber nicht kulturloses Volk. Sie besaßen eine eigene Schrift, konnten Pulver bereiten, bauten kunstvolle Häuser mit Schnitzereien, konnten schmieden, weben, Reisfelder bebauen. Sie hatten ein altes, zwar ungeschriebenes Recht, besaßen einen Schatz kluger Sprichwörter, alter Sagen und Fabeln und zeichneten sich aus als gewandte, geistesgegenwärtige Redner und schlaue Advokaten. Berüchtigt waren sie wegen ihrer Roheit und Grausamkeit, die sich in der allgemein üblichen Menschenfresserei offenbarte. Mit raffinierter Grausamkeit quälten sie ihre Opfer zu Tode oder legten sie in den Block, wo sie, der Witterung preisgegeben, unfähig sich zu bewegen, elend umkamen. Die Häuptlinge besaßen stattliche Viehherden und reiche Reisvorräte.

Die große Menge war arm und den Erpressungen der selbstsüchtigen Machthaber ausgeliefert. Traten Mißernten ein, konnten die Häuptlinge ihren Reis zu Wucherpreisen verkaufen und die Armen zu Schuldsklaven machen.

Das bataksche Heidentum war in seinem Geister- und Ahnendienst noch unerschüttert. Die Missionare aus jener Zeit berichteten voll Entsetzen über den großen Aberglauben, die Geisterfurcht und die wüsten heidnischen Unsitten, denen sie auf Schritt und Tritt begegneten. In ihrem Kern bestand die bataksche Religion aus Geisterdienst. Man sprach dabei auch von Gott (Debata) und hatte noch fünf Obergötter, denen gelegentlich geopfert wurde. Für das religiöse Leben hatten diese Götter wenig Bedeutung. Mit häufigen Opfern und Gebeten wandte man sich dagegen an die Geister, die in der Vorstellung der Bataks Luft und Erde erfüllten, und von denen alles Unheil, Krankheit, Unwetter, Trockenheit, Erdbeben, Viehseuchen, Mißernten kamen. Durch Opfer sollten die Geister Verstorbener günstig gestimmt werden, im anderen Fall fürchtete man ihre Rache an den Lebenden. Die Gaben der Menschen sollten den Geistern im Totenreich ein erträgliches Dasein sichern. Nur aus Furcht verehrte man sie, um sich irdische Güter unter ihrem Beistand zu verschaffen oder böse Einflüsse fernzuhalten. Eine wichtige Rolle spielten hierbei die Zauberer und Medien, die bei Ahnenfesten in Verbindung mit den Toten traten und ihren Willen erkundeten. Ihr Leben lang sind die Bataks in Furcht gefangen, weil sie sich überall umringt glauben von neidischen und tückischen Geistern, die sie sich ängstlich vom Leib halten müssen, und denen gegenüber sie sich doch ohnmächtig fühlen. Die ganze Macht des Bösen offenbarte sich bei den heidnischen Festen, wie sie zu Ehren gefürchteter Verstorbener gefeiert wurden.

In dieser Welt des Unfriedens, der Roheit und Grausamkeit hatte es Missionar Nommensen nötig, sich von Gott mit Geduld, Weisheit und Mut ausrüsten zu lassen. Die Schwierigkeiten und Glaubensproben, die ihn erwarteten, waren bei weitem größer als alles, was bis dahin seinen Vorgängern zugemutet worden war.

Bei dem Eintreffen in Silindung empfingen ihn die Bewohner wenig freundlich, obwohl bei seinem vorbereitenden Besuch ausdrücklich eine Einladung ausgesprochen worden war. Als er nun Ernst machte, unter ihnen zu bleiben, wurde er zwar gastfreundlich aufgenommen; nach ihrer guten, alten Sitte durfte ihm, solange er das Gastrecht der angesehenen Häuptlinge genoß, kein Leid angetan werden. Als er aber auf ihre Fragen erklärte, er wolle sie nun unterweisen, wie sie klug und glücklich werden könnten, da antwortete man frei heraus, daran sei gar nicht zu denken, sie wollten keine Fremden unter sich haben. Auf immer wiederholte Anfragen gab Nommensen mit unerschütterlicher Zähigkeit hundertemal dieselbe freundliche Antwort: „Ich gehe nicht wieder von euch fort!"

Man versuchte ihn einzuschüchtern: „Die Leute vom Norden werden kommen, dir den Kopf abschneiden und dein Fleisch fressen." Nommensen lächelte und ließ keine Furcht verspüren. Einmal sagten sie im Gleichnis: „Wenn man ein Reiskorn auf die Straße wirft, werden es dann die Hühner nicht aufpicken?" Ruhig entgegnete der Missionar: „Wenn der Mann, der das Korn hingeworfen hat, die Hühner wegjagt, werden sie es nicht fressen."

Als alle Drohungen ohne Wirkung blieben, flüsterten sich die Leute zu: „Der ist ein böser Geist!" Die Kinder hielt man vom Schulbesuch zurück und raunte sich zu, daß er sie mit Zaubertränken betören und später in fremde Länder verschicken werde. Hinter dem Missionar werde der gefürchtete holländische Gouverneur

Typisches Batakdorf.

kommen und sie unterjochen. Es war die alte Furcht, die politische Freiheit zu verlieren.

Dann hieß es: „Wir sind selbst klug genug; wir brauchen uns nicht unterweisen zu lassen; wir haben gute Sitten; die Kinder fürchten sich vor dir; wir haben keine Sünde." Freundlich entgegnete Nommensen: „Das wird sich alles finden, ich bin jetzt bei euch und werde nie wieder fortgehen."

Immer sah er sich von Menschen umringt, die fragten: „Wann gehst du endlich wieder?" In solchen Stunden griff er immer wieder zu seiner Geige und spielte ihnen vor, bis die Hände ermüdet niedersanken. Oder er zeigte ihnen den Kompaß, die Uhr, erzählte Geschichten, berichtete von Europa und wußte die Quälgeister immer neu bei guter Laune zu erhalten.

Eines Tages drohte man ihm: „Wir hacken dir deine Beine ab und werfen dich in den Fluß!" Da lachte er ihnen ins Gesicht und sagte: „Ach Freund, das meinst du gar nicht so!" Es fehlte aber nicht an Gegnern, die zu solchen Gewalttätigkeiten durchaus fähig gewesen wären. Versuche, mit dem Hausbau zu beginnen, wurden mit der Drohung beantwortet: „Wenn du ein Haus baust, brennen wir es nieder." Oft wurde hinter ihm hergerufen: „He, du Weißer dort! Kommt, laßt uns ihm die Beine abhacken und ihn auffressen!"

Die Festigkeit zum Ausharren erhielt der einsame Mann durch die starke innere Gewißheit, von Gott unter dieses widerspenstige Volk gesandt zu sein. Wochenlang weigerte man sich, ihm ein kleines Stückchen Land zu geben, auf dem er eine Hütte errichten konnte.

Zähe Festigkeit überwand nach vielen Wochen schließlich alle Widersacher. Weil man spürte, daß dieser wunderliche Mann sich nicht einschüchtern ließ, gab man ihm nicht ohne abergläubische Furcht die Erlaubnis zum Bauen. Später erfuhr er einmal, daß in diesen ersten schweren Wochen ein Dorfhäuptling schützend seine Hand über ihn hielt. Seltsamerweise vollzog dieser nicht seinen Übertritt zum Christentum, sondern hat sich erst zwanzig Jahre später taufen lassen, nachdem ihn Gott durch schwere Heimsuchungen geführt hatte.

Bei der Errichtung des Hauses ergaben sich neue Schwierigkeiten. Einige junge eingeborene Helfer, die der Missionar schon in Baros um sich gehabt hatte und die er in die umliegenden Wälder zum Holzholen schickte, wurden daran gehindert. Endlich gelang es unter allerlei Mühen, das Holz eines alten Hauses zu kaufen, um davon eine bescheidene Hütte zu erstellen. Doch die Belästigungen nahmen kein Ende, Versprechungen wurden nicht gehalten. Da entschloß sich Nommensen, der bisher alles mit Geduld über sich hatte ergehen lassen, einmal deutlich mit den Häuptlingen zu reden. Er berief eine Versammlung ein, zu der er selbst mit dem größten Buch, das er besaß, erschien und einen Brief des Gouverneurs mitbrachte, der die Erlaubnis zur Niederlassung in Silindung mitteilte. Nachdem er noch einmal seine friedlichen Absichten auseinandergesetzt hatte, erklärte er bestimmt, er werde jetzt die Namen derer, die ihn nicht wollten, in dieses Buch schreiben. Die Bataks hatten eine abergläubische Furcht vor Schrift, weil sie diese nur zu Zaubereizwecken gebrauchten. Es fand sich schließlich keiner, der den Mut hatte, ihm das Bleiben zu verwehren. Nun konnte endlich das eigene Haus bezogen werden. Während dieser Verhandlungen machte ein junger Stammesfürst, Radja Pontos, unauffällig seinen nicht geringen Einfluß geltend, um Nommensen ein Bleiben zu ermöglichen. Gott benutzte diesen Mann als sein Werkzeug, der seinem Volk auf dem Weg zur Wahrheit voranschritt: Nach seinem offenen Übertritt zum Christenglauben gab er vielen den Anstoß, das Heidentum zu verlassen. Es war ein kluger junger Mann, der nach Wahrheit suchte, mit einem natürlichen Gerechtigkeitssinn begabt war und einsah, daß die Zeit der völligen Abgeschlossenheit für sein Volk vorüber sei. In dem weißen Missionar erkannte er eine Persönlichkeit, von der Gutes für sein Land zu erwarten war und die er gern unter seinen direkten Schutz gestellt hätte. Allein soweit reichte seine Macht nicht; aber wo er konnte, redete er zu seinen Gunsten und wußte böse Pläne zu verhindern. Sein stilles Wirken hat viel Unheil vereitelt und manchen Stein aus dem Wege geräumt.

Die Religion der Bataks in Silindung und Toba, die Nommensen vorfand, war animistisch geprägt. Das bedeutet, daß sich ihre Anhänger alles beseelt denken: Menschen, Tiere und Pflanzen. Die eigene Seele gilt es zu bewahren und zu bereichern dadurch, daß man sich möglichst viel von den Seelen der Menschen seiner Umgebung und anderer Lebewesen aneignet. Man hat vor den Seelen anderer, aber auch vor der eigenen Seele auf der Hut zu sein; denn die Seele des Menschen ist nicht er selbst, sondern ein selbständiges Wesen in ihm, das durchaus seine eigenen Wege geht und den Menschen mutwillig verlassen kann. Dann aber muß er sterben. Deshalb opfert man seiner Seele, betet zu ihr und weiht ihr Geschenke. Die schrecklichen Greuel, die sich unter den Bataks finden, erklären sich aus dieser animistischen Religion. Die Menschenfresserei war darum ein weithin geübter Brauch. Man verzehrte das Fleisch von Leuten, die im Krieg gefangen wurden, oder von Verbrechern, etwa Ehebrechern, in der Absicht, sich durch Genuß ihres Fleisches einiges von ihrer Seele und damit von ihrer verwegenen Eigenart anzueignen. Aus den noch lebenden Leibern solcher Opfer wurden Fleischstücke herausgeschnitten, vor ihren Augen geröstet und verzehrt. Auch das rinnende Blut verwundeter Feinde trank man, um sich ihre Seelenkraft anzueignen. Menschen wurden grausam getötet, um Zaubermittel aus ihrem Körper zu gewinnen. Aus der Asche mancher Körperteile bereitete man Zaubermittel, die man benutzte, um im Kampf den Feinden Tod und Verderben zu bringen.

Eine wichtige Rolle fiel hier dem Datu, dem Zauberpriester, zu. Er verstand nicht nur etwas von der Kunst, Kranke gesund zu machen, viel mehr noch von der Kunst, Gesunde krank zu machen. Die Zauberer waren berüchtigte Giftmischer, die durch allerlei schnell oder langsam wirkende Gifte unliebsame Menschen aus dem Wege räumen konnten. Sie wußten Liebestränke herzustellen, durch die ein Jüngling sich ein Mädchen geneigt macht. Man suchte ihren Rat, bevor die Anlage eines neuen Dorfes begonnen wurde, bei Einweihung eines Hauses oder beim Auszug zum Kampf gegen Feinde. Die Zukunft wahrsagten sie aus den Eingeweiden eines Huhnes oder aus dem Eigelb eines hartgekochten Eies. Junge Leute, die heiraten wollten, befragten den Datu, ob ihre Seelen zueinander paßten. Eltern, die reichen Kindersegen wünschten, erbaten seinen Rat; bei Krankheiten begehrte man seine Hilfe. Ihm traute man es zu, daß er mit den Geistern Verbindung aufnehmen konnte, um zu erfahren, was in jedem einzelnen Fall getan werden mußte. Mit ihm zog man hinaus, um eine davongelaufene Seele wiedereinzufangen; er verstand sich auf die Kunst, geschnitzte Menschenbilder anzufertigen, die übelwollenden Geistern als Ersatz für erkrankte Menschen angeboten wurden. In jeder Lage sollte er wissen, welche Opfer nötig waren, um die Geister zu versöhnen. Der Zauberpriester war ein vielbegehrter und gefürchteter Mann, der in allen Lebenslagen gebraucht wurde und der die Furcht der Heiden gründlich ausnützte, um einträgliche Geschäfte zu machen. Vor Bekanntgabe des Orakelspruchs mußte immer erst tüchtig gezahlt werden.

Zu dem Glauben der Bataks gehörte es, daß ihre Seele schon vor der Geburt bei Gott im Himmel weilte, wo sie sich ihr Geschick aussuchte, bevor sie sich aufmachte, um auf die „Mittelwelt" herabzusteigen. Dieses von der Seele erwählte Geschick war unabänderlich festgelegt.

Dieser Glaube machte die Bataks ungemein stumpfsinnig; denn es lohnte sich für sie doch nicht, irgendeine Sache mit Eifer und Fleiß zu betreiben. Jede Arbeit, jedes Unternehmen waren in ihrem Geschick vorausbestimmt. Alle Mühe und Anstrengung wurden als überflüssig angesehen. Dieser Standpunkt galt auch bei ihren Anschauungen von sittlichen und moralischen Geboten. Niemand war dafür verantwortlich zu machen oder gar in der Lage, sein Wesen zu ändern, wenn er bei Diebstahl, Raub oder Mord ertappt wurde.

Dieser fatalistische Glaube stellte von Anfang an ein furchtbares Hindernis für die Annahme des Evangeliums dar. Solcher Glaube machte auch im Leiden stumpf, hatte aber nichts mit Geduld und Ergebenheit zu tun, wie ein flüchtiger Beobachter meinen könnte. Kein Wunder, daß man auch den Tod als die vom Geschick bestimmte Stunde annahm!

Ein anderes schweres Hindernis für die Annahme des Christentums war die unglaubliche Selbstgerechtigkeit. Leute, bei denen Menschenfresserei, Mord und Grausamkeiten zur Tagesordnung gehörten, sollten leicht von ihrer Sündhaftigkeit zu überzeugen sein, so möchte man meinen. Genau das Gegenteil war der Fall. Sie waren unbedingt überzeugt von der Rechtschaffenheit ihrer Gesinnung; erst nach einer Begegnung mit dem lebendigen Gott, nachdem sie Christen geworden waren, wurden ihnen die Augen über die Verderbtheit geöffnet, und sie fingen an, sich ihrer früheren Laster zu schämen. Zu regelmäßiger Arbeit fehlte ihnen der rechte Antrieb. Da sie unaufhörlich Krieg untereinander führten, blieb es immer ungewiß, ob sie die Ernte, die sie vorbereiteten, auch einbringen konnten. Geradezu krankhaft übersteigert waren ihre Freiheitsliebe und ihr Stolz, obgleich sie dazu wenig Anlaß hatten.

Den Mittelpunkt des batakschen Heidentums bildete die Geisterverehrung: Jeder Mensch wird nach seinem Tode, wenn die Seele ihn verlassen hat, ein Geistwesen, das auf die Gaben und die Gunst der Lebenden angewiesen ist. Die Lebenden verehren die Toten keineswegs aus Ehrfurcht, sondern nur aus Furcht, weil die Geister, wenn man ihnen nicht opfert, sich rächen und Krankheit, Mißernte und sonstiges Unglück über die Nachkommen bringen. Die Geister müssen bei guter Laune erhalten werden; dies gelingt durch die Anwendung von List und Gewalt, und zwar in einer für uns oft lächerlichen Weise. Mit Schießen, Lärmen, qualmenden Feuern versuchte man sie zu verscheuchen, band Dornen an Treppen und Eingänge der Häuser, versteckte sich vor ihnen und benutzte Umwege, um ihnen auszuweichen.

Der Glaube an die Gottheiten trat hinter den Geisterdienst zurück, obgleich die Bataks von Gott sprechen und er auch in ihren Sprichwörtern vorkommt. Das Dasein Gottes brauchte man diesen Heiden nicht erst wahrscheinlich zu machen. Dieser Gott bedeutete ihnen aber nichts, und sie fürchteten ihn nicht. War dies nicht eine großartige Möglichkeit für die Verkündigung des Evangeliums als die Botschaft von der Erlösung aus der Furcht und aus dem Fluch des Geisterdienstes? Mußte es nicht gerne und aufmerksam gehört werden, weil die Bataks so sehr unter ihrer Furcht litten und sich für unglückliche Menschen hielten?

Zunächst wollten die Heiden jedoch von der Verkündigung des Evangeliums nichts wissen. In einer bescheidenen Hütte aus Balken und Brettern, nur mit Baststricken zusammengehalten, lebte Nommensen mit den Eingeborenen fast wie ein Eingeborener. Reis und etwas Gemüse waren seine einzige Nahrung; auf viele gewohnte Bedürfnisse mußte er verzichten lernen. Möbel fehlten, einige Kisten dienten als Stühle, ein großer Reissack als Schreibtisch, bis ein rohgezimmerter Tisch und einige Stühle fertig waren. Offene Feindschaft ließ nicht lange auf sich warten.

Es fing damit an, daß man den Kindern jedes Zusammensein mit dem freundlichen Mann verbot. Aber weiterhin lief ihm die Jugend nach, denn sie hatte ihn liebgewonnen. Die Alten schlugen ihre Kinder und schrien: „Ihr seid Hundekinder!" Trotzdem stellten sich eine Anzahl Kinder ein, die einen unregelmäßigen Schulunterricht bekamen.

Nicht lange dauerte es, bis der Missionar in Lebensgefahr geriet. Einer seiner erbitterten Feinde ersann den teuflischen Plan, Nommensen in seinem Haus zu töten. Der Eingeborene schlich sich in die Hütte ein, zerschnitt die Bastseile, die das Gebälk zusammenhielten in der Hoffnung, daß das Gebäude in der Nacht zusammenstürzen und seinen Bewohner erschlagen würde. Nichtsahnend kehrte Nommensen abends zurück. Doch nun zeigte sich, wie noch oft, daß Gott in besonderem Maße seinen tapferen Boten beschützte, der sich nach der Mühe des Tages arglos in seiner Hütte zur Ruhe begeben wollte. Ein Erdstoß, wie sie in Sumatra häufig sind, ließ den Heimgekehrten schnell das Haus verlassen. Er war kaum draußen, als das Haus mit großem Gepolter hinter ihm zusammenstürzte. So macht der Herr Winde zu seinen Engeln und Erdbeben zu seinen Dienern.

Bald darauf erlebte er eine weitere Bewahrung, wodurch sein Glaube und Vertrauen auf Gott noch stärker wurden. Während der Zubereitung des Mittagessens durch einen Eingeborenenhelfer erschien ein feindlicher Zauberer, in der Giftmischerei erfahren, und ließ sich in

ein Gespräch ein. Während er Feuer vom Herd zum An-
zünden einer Zigarette erbat, schüttete er in einem unbe-
wachten Augenblick Gift in den Kochtopf. Vor dem
Haus wartete er den Erfolg seines Anschlags ab. Er beob-
achtete, wie Nommensen seine Mahlzeit einnahm, ohne
daß die Wirkung des Giftes sichtbar wurde. Nach langem
Warten entfernte sich der Zauberer kopfschüttelnd. Monate später offenbarte er Nommensen seine ruchlose Tat
und fragte ihn, über welchen starken Gegenzauber er ver-
füge. Nommensen erklärte, daß ihm kein Zauber zur
Verfügung stehe, wohl aber der Schutz des allmächtigen
Gottes, der ihn vor allen bösen Anschlägen seiner Feinde
zu bewahren vermöge.

Das Geständnis des Zauberers zeigte dem Missionar
erst die ganze Größe der Gefahr, aus der ihn Gott errettet
hatte. Die göttliche Bewahrung seines Opfers brachte
den Giftmischer zum Nachdenken und zur Bekehrung.
Er wurde auf den Namen Nikodemus getauft; zwei seiner Söhne wurden später selbst Prediger. Die Verheißung Jesu: „So sie etwas Tödliches trinken, wird es ihnen
nichts schaden" (Markus 16,18) bewahrheitete sich buch-
stäblich. Nommensen dankte Gott in der Stille und ver-
merkte in seinem Tagebuch:

„Würde Gott hier einmal den Schleier heben, der über
alle Gefahren, aus denen er mich errettet hat, gedeckt ist,
wie würde einem sein!" Er erfuhr noch mehr von Gottes
helfender Macht in seinem Leben.

Gegen Ende des Jahres 1864 holte das Heidentum im
Silindungtal erneut zu einem entscheidenden Schlag gegen den Missionar aus. Während einige Häuptlinge nach
der südlichen Hafenstadt Baros gerufen waren, um mit
dem durchreisenden holländischen Generalgouverneur
Verhandlungen zu führen, rief man zu einem großen Ahnenfest auf, in dessen Verlauf dem mächtigen „Großva-
tergeist" feierlich geopfert werden sollte. Es hieß, daß

man bei dieser Gelegenheit Nommensen töten wolle. Heimliche Freunde, die ihm von den Plänen berichteten, rieten ihm fortzugehen. Sie wiederholten ihre Bitte, als die Spannung wuchs, je näher der Festtag rückte. Trotz der ernsten Lage zeigte sich Nommensen furchtlos und wartete ruhig und getrost ab. Er schrieb in diesen Tagen nach Barmen:

> „Ich kann gerade nicht sagen, daß ich bange war, weil ich gar nicht in den Kopf kriegen konnte, daß der Herr, der mich von Jugend auf bis zu dieser Stunde so wunderbar geführt, mich jetzt, nachdem ich so weit gekommen war, daß ich die Frohe Botschaft verkündigen konnte, aus dem Arbeitsfelde abrufen wolle. Obgleich ich weiß, daß des Herrn Wege oft wunderlich sind, und daß er, der Erhabene, kein Menschenkind nötig hat, um für seine Ehre zu streiten, so konnte ich's doch nicht glauben. Doch rief die Lage der Dinge mir oft zu: Bestelle dein Haus; denn du mußt sterben! Fliehen durfte und wollte ich nicht."

Einige Tage vor dem Fest ging er ohne eine Spur von Furcht auf den Markt, wo das Opferfest stattfinden sollte, um den tonangebenden Häuptlingen Briefe zu überreichen, durch deren Annahme sie sich verpflichteten, keinen Aufruhr zu dulden. Wieweit diese Maßnahme im Ernstfall, wenn die Gemüter erhitzt waren, etwas nützen würde, blieb völlig offen, zumal niemand dem anderen traute.

Inzwischen strömten von allen Seiten die Gäste herbei; alles war in höchster Spannung, was die nächsten Tage bringen würden. Seinen besorgten Freunden erklärte Nommensen am Morgen des Festtages, daß er selbst bei dem Fest erscheinen werde; sich verstecken, bis der Sturm vorüber sei, wollte er nicht.

Vielleicht ging ihm in diesen spannungsgeladenen Stunden das Lutherwort durch den Sinn: „Und wenn so viele Teufel in Worms wären als Ziegel auf den Dächern, wollte ich doch hineingehen!"

Unbewaffnet schritt der tapfere Mann auf den Festplatz zu, auf dem sich Tausende von erregten Bewaffneten versammelt hatten. Es gelang ihm, unter Anwendung aller Kunst der Überredung, mit Hilfe einiger Häuptlinge die Versammelten zu bewegen, ihre Waffen in den benachbarten Häusern abzulegen. Dann wurde unter wüstem Geschrei und ohrenbetäubendem Trommelwirbel das Opfertier, ein Büffel, geschlachtet.

Unter dem Einfluß einer rauschenden Musik und der sie begleitenden rhythmischen Tänze verfiel ein Mann aus der Menge in einen Zustand der Verzückung. Alle glaubten, der Geist des großen Ahnen sei in ihn gefahren. Mit drohender Stimme ließ er seinen Nachkommen etwa folgendes sagen: „Euer Opfer ist zwar gut; aber ich nehme es nicht an, wenn es nicht durch einige aus eurer Mitte erweitert wird. Opfert mir ein Opfer in gewohnter Weise, so will ich es mit Wohlgefallen hinnehmen, eure Ernte und euer Vieh segnen, ihr sollt gesund und wohlauf sein, und viele Kinder sollen euch geboren werden! Meine Nachkommen, ihr tut jetzt nur, was euch beliebt, und hört nicht mehr auf die Lehre eurer Väter. Ihr verändert ihre Sitten und verratet meine Nachkommen. Ich werde aber das Opfer nicht annehmen, wenn ihr es nicht macht, wie ich es gewohnt bin."

Seine Worte spielten auf die alte Sitte an, daß bei einem solchen Stammesfest nach dem Opfertier einige Menschen dem Geist zu opfern seien. Dazu begannen die Parteien ein harmloses Spiel, bei dem sie sich mit Steinen und Erdbrocken bewarfen, bis allmählich die Gemüter erhitzt wurden und man mit Waffen aufeinander losging. Das Kriegsspiel wurde so lange fortgesetzt, bis einige Menschen tot auf dem Platz liegenblieben. Die Getöteten galten dann als Opfer für die Ahnen, ihr Tod durfte darum nicht gerächt werden. Niemand bezweifelte, daß der Geist dieses Mal auf den weißen Mann anspielte, und man hoffte, in dem entstehenden Tumult den Missionar erschlagen zu können, ohne daß sich nachher die Schuldigen nachweisen ließen.

Nommensen kannte diesen Brauch. Sobald das Medium geendet hatte, stand er auf und rief der versammelten Menge zu: „Der Geist, der da zu euch geredet hat, kann unmöglich euer Großvater sein; denn ich habe noch nie von einem Großvater gehört, daß er den Tod seiner Enkel wünscht. Dieser Großvater will, daß ihm einige Nachkommen geopfert werden. Solches Opfer muß vom Teufel sein, dem Vater der Lüge und dem Mörder von Anfang an, dem es Freude macht, wenn die Menschen sich untereinander bekriegen und töten. Dem steht die Liebe Gottes gegenüber, der nicht will, daß ein einziger Mensch umkommt, sondern daß sie alle gerettet werden."

Die Wirkung seiner kühnen Worte war verblüffend; es entstand kein Tumult, es kam zu keinem Zank oder Totschlag. Der erste Tag endete friedlich. Am folgenden Tag kam es zu einem blutigen Gefecht mit Feinden, die überraschend vom Gebirge her einbrachen. Dabei wurde ein Mann verwundet, der als heftiger Gegner des Missionars galt. Ein am Nachmittag einsetzender Regen trieb die Streitenden auseinander.

Das große Fest, von dem die Feinde des Evangeliums so entscheidende Dinge erwartet hatten, verlief, ohne daß Nommensen irgendeinen Schaden genommen hatte. Alle Augenzeugen erfüllte der tiefe und lebhafte Eindruck, daß der Gott der Christen stärker sei als ihre Götzen und Geister. Wie ein Wunder mußte es ihnen erscheinen, daß trotz des stürmischen Verlangens, den Weißen zu töten, niemand die Tat gewagt hatte. Die bewahrende Allmacht Gottes war darin zu erkennen, der seinen Engeln befohlen hatte, seinen Knecht zu behüten. Welche Wendung durch Gottes Fügung, wenn man bedachte, daß dort eine vieltausendköpfige Menge gewesen war, die alle bewaffnet waren und berauscht von dem Wunsch, den weißen Mann umzubringen! Und doch waren allen die Hände gehalten, niemand hatte eine Waffe erhoben. Nur das in der Vollmacht Gottes und im Vertrauen auf ihn gesprochene Wort Nommensens reichte aus, um seine Stellung unter den Bewohnern Silindungs entscheidend zu festigen. Die Feindseligkeiten hörten zwar nicht auf, aber Nommensen durfte auch in allen weiteren Gefahren Gottes bewahrende Hand unmittelbar, machtvoll und überwältigend erfahren.

Ein Brief des Missionars aus diesen bewegten Tagen berichtete über Silindung:

„Die Herrn Radja regieren wild und wirr durch- und nebeneinander. Recht und Gerechtigkeit kennt man nicht. Die Streitsachen werden zu Gunsten dessen entschieden, der am meisten gibt. Unter stetem Aussaugen werden sie oft jahrelang hingezogen, so daß ein Volk in dauernder Aufregung bleibt. Grausamkeiten aller Art werden dabei verübt, und ein Kannibalismus kommt vor, der uns oft ein Rätsel ist. Im vorigen Jahr kam ein Mann zu mir, dessen verständige Weise mir sehr wohlgefiel. Seine Züge hatten etwas Freundliches und Gutmütiges. Er trank eine Tasse Kaffee mit mir unter lebhaftem Gespräch und – zehn Tage darauf fand ich ihn wieder als Wortführer einer blutigen Bande, neben sich einen auf Bambus gesteckten Menschenkopf und einen gebratenen Arm mit abgehackten Fingern! Das Opfer war frisch niedergemetzelt und zum Teil schon verzehrt.

Als er mich gewahr wurde, ließ er den Kopf zwar ein wenig hängen, aber das blutgierige Geschrei seiner Mordgesellen fachte seinen Mut bald wieder an, und er war nicht zu überzeugen, daß er eine Greueltat begangen hatte.

Vor einigen Tagen kurierte ich in Si Gompulon einen Jüngling, der im vorigen Jahr mit seinem Bruder nach Si Hottom ging, um Reis zu holen. Sich keiner Schuld irgendwie bewußt, wurde er dort überfallen und festgehalten. Erst jetzt ist er durch schweres Lösegeld freigekommen. Und sein Bruder? Der ist bei jenem Überfall niedergehauen und verzehrt worden. So könnten viele Exempel aufgezählt werden, daß in diesem Lande fort und fort Greuel vorkommen, die bei einer ordentlichen Regierung unmöglich wären. Durch die fortwährenden Kriege bleiben die Reisfelder oft gänzlich unbearbeitet liegen oder werden doch nur schlecht bestellt, und die Folge sind Hungersnot oder Mißernten.“

Nommensen war eine geistesmächtige Persönlichkeit, seiner starken Anziehungskraft konnten sich die Menschen nicht leicht entziehen; er gewann nach und nach manche Freunde, hatte er doch eine linde Hand und bewies große Geschicklichkeit bei Krankenbehandlungen. Die klugen Häuptlinge waren stets beeindruckt, mit welch scharfem Verstand er schwierige Fragen beantwortete. Besonders gern erörterten sie mit ihm ihre Streitsachen und wünschten sein richterliches Urteil.

Es kam vor, daß sie stunden-, ja tagelang um ihn herum auf einer Matte saßen und ihre weitschweifigen und von Selbstgerechtigkeit strotzenden Reden vorbrachten, zu denen er überlegt und klug abwägend seine Meinung äußerte und auch meist die richtige Lösung fand.

Vor allem verschafften ihm seine unerschöpfliche Geduld und Sanftmut eine weitreichende Überlegenheit. In seiner Arbeit bewahrheitete sich immer wieder das Wort Christi: „Selig sind die Sanftmütigen; denn sie werden das Erdreich besitzen."

Ein Eingeborener schilderte die Sieghaftigkeit der Sanftmut so: „Alles, was besteht, wird durch seinen Gegensatz überwunden: das Feuer durch Wasser, das Wasser durch Feuer, Licht durch Dunkelheit, Wärme durch Kälte, der Aufbrausende durch den Sanften, der Zürnende durch den Friedfertigen."

Einige Häuptlinge von Silindung erzählten, nachdem sie längst Christen geworden waren, wie die Freundlichkeit Nommensens in entwaffnender Weise auch widrigste Bosheit von Menschen überwand:

„Zu fünf oder sechs kamen wir eines Morgens in seine Hütte mit der Absicht, ihn einmal recht zu ärgern und zu sehen, ob ihm über unserer Ungezogenheit die Geduld ausgehen werde. Den ganzen Tag wichen wir nicht von seiner Seite, ließen uns Geschichten erzählen, verlangten sein Violinspiel, ließen uns Brennglas, Uhr und andere Gegenstände zeigen, nahmen mittags und abends seine Bewirtung entgegen. Wir spuckten mit unserem Betelsaft das Zimmer voll und taten alles, was wir konnten, um ihn ungeduldig zu machen und ihn zu reizen.

Endlich gegen Mitternacht erklärte er, daß er nun nicht mehr könne und schlafen müsse. Wir aber machten keine Miene fortzugehen, sondern legten uns in dem kleinen Zimmer einfach auf den Fußboden. Gegen Morgen, als es etwas kühler wurde, erwachte einer von uns und sah mit Staunen, daß über jeden von uns eine Wolldecke gebreitet war. Er weckte die anderen Kameraden und machte ihnen klar, daß der gütige Missionar des Nachts aufgestanden war, um sie gegen die Kälte zu schützen. Stillschweigend wickelten wir unsere Decken zusammen und zogen beschämt ab. Wir hatten es erlebt, daß ein Geduldiger besser ist denn ein Starker."

Die Verkündigung des Evangeliums gestaltete der Missionar in einfachster Weise; er erzählte vornehmlich die biblischen Geschichten. Hier waren es die alttestamentlichen Geschichten, die Schöpfungsgeschichte, die Geschichten von den Patriarchen und Richtern, von Saul, David, Salomo, die besonders gut verstanden und in den Dörfern untereinander erörtert wurden. Die Aussagekraft dieser Geschichten und ihre Wirkung auf die heidnischen Gemüter erwiesen sich immer wieder stärker, als viele gedacht hatten.

Sehr gern versuchten die Hörer mit der ihnen eigenen Spitzfindigkeit, im Anschluß an die alttestamentlichen Erzählungen, in denen sie den allmächtigen, lebendigen, gerechten Gott kennenlernten, etwa beim Sündenfall, zu fragen: „Wenn der Teufel so viel Unheil angerichtet hat, warum schlug ihn dann Gott, der doch alles kann, nicht tot?"

Den advokatisch schlauen Bataks gefiel die Geschichte vom Urteil Salomos besonders gut.

Stark zog sie die Nachricht an, daß Gott selbst von der Macht der bösen Geister befreit und ihnen die Erlösung anbietet. Das war eine gute Botschaft für Menschen, die Tag und Nacht von Angst vor unheilvollen Dämonen gequält werden. Nommensen bezeichnete die Erlösungstat Jesu als Kampf Gottes mit dem Satan, in dem er die Menschen, die sich erlösen lassen wollen, durch sein Blut loskaufte von der Macht des Bösen, dem sie durch die Sünde verfallen waren.

Sprach der Missionar von Sünde und Schuld, entgegneten viele, das betreffe sie nicht. Es kostete einen zähen Kampf und das Eingreifen des lebendigen Gottes, ehe diese in Sünden großgewordenen Heiden eine Ahnung davon bekamen, daß es mit ihrem Tun und Wollen nicht so bestellt war, daß sie vor dem Richterwort Gottes bestehen konnten. Der Sinn dieser Menschen war ganz und gar auf irdische, materielle Dinge gerichtet; ihr Opfer, ihr Gebet zu den Geistern, ihr Ratsuchen bei den Zauberpriestern sollte nur dem einen Zweck dienen, Geld und Gut, Gesundheit und langes Leben zu haben. Dies bildete eine fast unüberwindliche Mauer gegen ein Eindringen des Christentums.

Die ersten Christen

Doch im Verborgenen traf das Wort Gottes hier und dort auf empfängliche Herzen. Einzelne schlossen sich dem Missionar enger an, begehrten Unterweisung in Gottes Wort und ließen sich taufen. Acht Erwachsene und fünf Kinder gehörten 1865 zu den ersten Christen im Silindungtal. Dieser Sieg ließ sogleich die Feindschaft gegen den Missionar und seine Anhänger erneut heftig aufleben. Den jungen Christen wurde erklärt, daß mit dem Übertritt, der ein Verlassen der Sitte der Väter bedeute, auch der Verzicht auf Dorf und Feld verbunden sein müßte. Unerbittlich wurden sie aus den Dörfern vertrieben, ihre Reisfelder und Gärten wurden enteignet. Damit beraubte man sie jeglicher Existenzgrundlage. Da sich die Christen weigerten, Steuern für die heidnischen Feste zu zahlen, stieß man sie voller Verachtung aus der Volksgemeinschaft aus.

Die Übergetretenen mußten echte Proben bestehen, daß es ihnen Ernst mit der Annahme des Christentums war. Es erfüllte sich an ihnen das Wort: „Und den Raub eurer Güter habt ihr mit Freuden erduldet, weil ihr wißt, daß ihr eine bessere und bleibende Habe besitzt" (Hebräer 10,34).

So entstand das Problem, was aus den Menschen werden sollte, die Hab und Gut verloren hatten. Nommensen überwand diese Schwierigkeit dadurch, daß er die kleine treue Schar bei sich aufnahm, nach batakscher Sitte Wall und Graben gegen Überfall aufwerfen ließ und seine Freunde zunächst mit Nahrung und Kleidung versorgte. So entstand das Christendorf Huta Dame – Friedensdorf. Die Christen gingen sofort ans Werk, sich ihren Unterhalt zu suchen. An abgelegenen Stellen legten sie neue Reisfelder und Gärten an, vielfach bedroht von ihren Feinden, die solche Arbeit zu verhindern suchten.

Bei alledem empfanden die jungen Christen besonderen Schmerz darüber, daß sie durch ihre Aussonderung keine Möglichkeit hatten, ihren Dorfgenossen das Evangelium weiterzusagen. Diese soziale Ächtung behinderte sehr die Ausbreitung des Christentums. Im Allgemeinen ist ja ein Zeugnis durch das Wort und Leben der Eingeborenen selbst viel wirksamer als Predigt, Unterricht und Vorbild des fremden Missionars. Glücklicherweise dauerte dieser hemmende Zustand nicht lange; denn die Zahl der Christen nahm beständig zu, so daß der Widerstand gegen die Bekenner der neuen Religion bald nachließ. Bald wagte man es nicht mehr, sie von Haus und Hof zu vertreiben.

Von dem Schicksal eines dieser ersten Christen berichtet Nommensen:

„Isaak war früher ein eifriger Sibaso (ein Geistermedium) gewesen. Als seine Familie hörte, daß er dem Götzendienst Valet gesagt habe, boten sie alles auf, ihn von dem Übertritt zum Christentum abzuhalten.

Nachdem sie wiederholt vergeblich versucht hatten, ihn von Huta Dame wegzulocken, erdachten sie eine List. Die Verwandten kamen und sagten, seiner Neffen einer wolle heiraten, und er müsse dabei sein, wenn der Kaufpreis für die Braut bestimmt werde.

Nichts Böses ahnend ging Isaak mit. Als sie nach Huta Barat gekommen waren, erklärten die Heiden ihn für ihren Gefangenen. Abends wurde ein heidnisches Fest gefeiert. Der Gefangene mußte in der Mitte sitzen, und nun ging's mit Trommeln und Pauken los, in der Hoffnung, daß der Geist von ihm Besitz ergreifen werde, wie er es früher oft getan hatte. Aber der Geist kam nicht, auch dann nicht, als man den früheren Sibaso mit Weihwasser besprengte, um ihn von seinem befleckenden Umgang mit dem weißen Lehrer zu reinigen. Da wurden die Verwandten noch erboster und wollten Isaak in den Block legen. Er fand indes Gelegenheit zu entfliehen.

Nach einiger Zeit kam seine Schwester mit Gold und Silber, um für ihren Sohn seine Tochter zu kaufen. Er aber wies das Geld ab und erklärte: ‚Wenn dein Sohn sich vom Teufel zu Gott bekehrt, so kann er meine Tochter auch ohne Gold und Silber bekommen. Ich verkaufe mein Kind nicht mehr, wie es unsere heidnische Sitte ist.'

Das Essen, das die Schwester mitbrachte, nahm er nicht, aus Furcht vor Vergiftung. Später drohten sie, ihn mit Gewalt zu holen, begnügten sich aber damit, ihm Angst zu machen, daß der Geist binnen einem halben Jahr ihn töten werde. Er hat ihn aber nicht getötet."

Spott und Hohn mußten die ersten jungen Christen häufig ertragen. Wenn die Heiden sie beten sahen, faßten sie die Betenden beim Kopf und schüttelten sie, oder sie sagten: „Was kneifst du da an deinen gefalteten Händen?"

Man tat auch so, als wolle man die Betenden aus dem Schlaf wecken.

Höhnend rief man: „Die Christen sterben auch. Habt ihr mehr Reis als wir? Werdet ihr nicht mehr krank?"

Die Bereitschaft, ihren Glauben zu bekennen und sich nicht um Spott zu kümmern, bemerkte der Missionar in jenen Anfangszeiten immer wieder. Es traten natürlich auch andere Versuchungen an sie heran. Aber die jungen Christen ertrugen bereitwillig höhnende Worte ihrer Umgebung.

Es kam vor, daß Christen in ein heidnisches Dorf geholt wurden, um sie zu veranlassen, für die Genesung eines Kranken zu opfern. In solchen Fällen weigerten sie sich entschieden und erklärten, man diene dem starken Gott, vor dem sich alle Geister fürchten. Einer der jungen Gläubigen vertrat seine standhafte Haltung mit den Worten: „Wenn der Teufel, den ihr anruft, stärker ist als unser Gott, so sagt ihm, daß er uns innerhalb drei Tagen töte; ist aber unser Gott der wahre, so wißt, daß ihr verloren seid, wenn ihr unsere Worte verwerft!" Nach einigen Tagen wurde der Onkel, der ihn gerufen hatte, krank und starb.

Verfolgung und Drangsal begleiteten die Wege dieser ersten Christen; die Mächte des Lichtes und der Finsternis lagen miteinander im Streit. Zu all dem Schweren der Anfangszeiten kam bald eine weit um sich greifende Pokkenepidemie hinzu, die viele Menschen dahinraffte. Die Missionsstation nahm viele Kranke auf, und Gott segnete ihre Behandlung. So konnten diese schweren Tage dazu helfen, manchen Menschen für das Evangelium empfänglich zu machen. Eine größere Zahl Taufbewerber, die sich vom Haß ihrer Umgebung nicht schrecken ließ, empfing inmitten aller Sorge und Trübsal die Taufe; und es kamen ständig neue hinzu.

Zu derselben Zeit begann der Haß gegen die neue Religion wieder neu aufzuflammen. Der abergläubisch verehrte Priesterkönig Singa Mangaradja in dem nördlichen Tobaland empörte sich darüber, daß seine Untertanen in Silindung die Traditionen der Väter aufgaben. Die Pokken wurden dem Unmut der Ahnen zugeschrieben, einer dieser Geister habe das Tal verlassen, sei nach Toba gegangen und habe den Missionar beim Priesterkönig verklagt.

Einige Zeit vorher war der Singa Mangaradja in Silindung gewesen; eine Einladung Nommensens zu einer Aussprache hatte er stolz ausgeschlagen und erklärt, er schäme sich, soweit sich herabzulassen. Dagegen führte er lange Beratungen mit den Häuptlingen und gab ihnen die Anweisung, niemand dürfe den Missionaren Lebensmittel verkaufen. Er versprach, bei einer günstigen Gelegenheit die Christen zu überfallen und alle zu töten.

Dieser Priesterkönig, der sich noch oft als ein Verfolger des Christentums erweisen sollte, genoß göttliches Ansehen unter den Heiden. Weniger durch sein Häuptlingsamt, aber man sah in ihm eine Gestalt, in der sich geheimnisvolle Kräfte verkörperten.

Von ihm wurde erzählt, daß er sieben Jahre im Mutterleib gewesen und dann als sechsjähriges Kind zur Welt gekommen sei. Nach seinem Tod komme er irgendwie wieder zum Leben. Auf alle Menschen, die mit ihm in Berührung kämen, sollten von ihm zauberhafte Kräfte übergehen. Peinlich genau befolgte man alle seine Gebote zur Ausübung des heidnischen Kultes. Ihn durfte man auf keinen Fall zum Gegner haben, dies war gefährlicher als die Feindschaft aller sonstigen Häuptlinge. Unter dem Eindruck seiner Drohungen zogen sich dann auch zeitweilig freundlich gesinnte Fürsten von Nommensen zurück.

Nur die wenigen Christen konnten furchtlos sagen: „Derer, die bei uns sind, sind mehr denn derer, die bei unseren Feinden sind. Gott ist uns Schutz und Hilfe."

Tage zwischen Sorge und Hoffnung vergingen; dann wurde bekanntgegeben, daß der 27. Juli 1866 zum Todestag der Missionsanhänger bestimmt sei. Der Priesterkönig forderte seine Untertanen auf, alle Streitigkeiten untereinander abzubrechen, weil er mit seinem Gefolge kommen werde, um mit den Christen endgültig abzurechnen. Solange der Missionar und seine Christen nicht beseitigt wären, sei er vor den Geistern von Silindung nicht sicher, die nach Toba geflohen seien. Eine derartig gespannte Lage hatte es bis dahin noch nicht gegeben. Aber Gottes Wort ist stärker als brutale Gewalt und Anmaßung. Das hatte er seiner Gemeinde schon oft gezeigt, und so ließ er auch diesen Anschlag mißlingen. Die Heiden im Silindungtal gerieten untereinander in Streit, es kam zu blutigen Kämpfen, in deren Verlauf ein angesehener Häuptling den Tod fand. Ein lang anhaltender Krieg folgte, eine neue Pockenepidemie trat auf. Die Lage war ähnlich wie zur Zeit der Reformation, wo die Kriege der katholischen Völker untereinander oder die Einfälle von Türken den Protestanten eine Atempause gewährten.

So konnten auch hier die jungen Christengemeinden einstweilen in Frieden leben, während die streitenden Volksstämme ihre eigenen Kämpfe ausfochten. Die Pockenseuche nahm immer gefährlichere Formen an; infolgedessen wagten sich der Singa Mangaradja und sein Gefolge nicht in das verseuchte Gebiet. Allmählich verloren die Kriegsscharen völlig den Mut, und die Abrechnung mit den verhaßten Christen blieb aus. Miteinander dienten Gutes und Böses den Knechten Gottes zum Besten; der Lauf des Evangeliums wurde nicht aufgehalten. Gott benutzte Mittel und Umstände, an die niemand gedacht hatte, um seine Leute Tag für Tag vor allem Bösen zu beschützen. Angesichts des angedrohten Kampfes auf Leben und Tod benötigten die Missionare und Christen schon einiges an Glauben, um in diesen schweren Zeiten fest zu bleiben. Nommensen selbst schrieb in jenen bewegten Tagen an sein Missionshaus: „Wenn ich falle, rächt meinen Tod damit, daß ihr Scharen von Friedensboten in diese Berge schickt, die den armen Heiden von Sumatra das Wort vom Heiland bringen!"

Das Ringen göttlicher und satanischer Mächte um das Batakvolk dauerte an. Die jungen Christen gerieten immer wieder in Konflikte, waren sie doch durch tausend Fäden mit ihrer alten heidnischen Umgebung verknüpft. Ein Beispiel vermag das deutlich zu machen: Es gehörte zu den religiösen Gebräuchen der Bataks, daß während der Jätezeit an bestimmten Tagen alle Arbeit auf dem Felde ruhen muß. So will es der Sombaon. Obgleich die Missionare nicht darauf bestanden, daß die Christen gerade an diesen Tagen aufs Feld gingen, so glaubten doch manche von diesen, sie müßten das tun um des Gewissens willen, weil sie sonst den Schein auf sich lüden, Gemeinschaft zu haben mit den Werken der Finsternis. Also sandte Abraham an den heidnischen Ruhetagen seine Jäter aufs Feld. Kurze Zeit darauf erkrankte seine Frau Sara gefährlich an der roten Ruhr. Natürlich jubelten die Heiden und legten die Krankheit als Strafe des Sombaon aus. Das war eine Glaubensprobe für die Christen. Aber die Heimgesuchten erkannten die Hand des Herrn, merkten, daß er ihnen etwas zu sagen habe, und ließen es sich sagen. Sara hatte nämlich eine Stieftochter, mit der sie sich nicht gut vertrug. Brachte die letztere, wie es bei den Bataks Sitte ist, je und dann ihrer Mutter etwas, so zürnte die Alte, deren starke Seite das Geben nicht war. Auch bei anderen Veranlassungen fehlte es nicht an Scheltworten, die die sonst stille Stieftochter gelegentlich zurückgab. Die letztere hatte der Herr bereits in Kur genommen. Im Wochenbette wurde sie zu Tode krank. Sie beugte sich unter die Hand des Herrn und zeigte sich seither als eine demütige Jüngerin, die ihren Wandel vor dem Angesicht Gottes führte.

Nun erkrankte auch Abraham an der Ruhr. Der Kranke, den die heidnischen Bataks mieden, wurde zum Missionar geschafft. Da rief er, dem Tode sich nahe fühlend, seine Familie zusammen und bekannte vor allen Anwesenden, daß er oft gefehlt, weil er nicht immer in liebreicher Weise zum Frieden gemahnt habe. Dies Bekenntnis sowie die Ermahnung, die eigenen Sünden zu erkennen und zu bekennen, machte tiefen Eindruck. Alle baten sich gegenseitig ihr Unrecht ab, eine allgemeine Versöhnung kam zustande. Mit Abraham aber ging es immer schlechter. Er machte sich zum Sterben bereit. Zu jedem, der ihn besuchte, redete er von seinem Jesus, der ihn heimholen wolle, und versicherte, daß er sich auf den Heimgang freue. Mitunter freilich meinte er, er müsse noch mehr wissen vom Worte Gottes, er sei noch nicht reif, er wisse wohl die Gebote Gottes, das Glaubensbekenntnis, aber wenn der Herr nun noch mehr frage und er nicht antworten könne – was dann? Es gefiel dem Herrn, ihn wieder aufkommen zu lassen.

Das Christentum konnte sich weiter ausbreiten; unter den Christen waren auch angesehene Häuptlinge. Ihre besondere Stellung als Häupter der Stammesfamilien blieb für die Ausbreitung des Christentums nicht ohne Bedeutung. Daneben gingen aber die wildesten Greuel des Heidentums weiter, Götzenfeste wurden gefeiert, um die Geister gegen die fremden Eindringlinge in Bewegung zu setzen, Mord und Menschenfresserei spielten sich vor den Augen des Missionars ab. Hier und da wurde ein Christ meuchlings erschossen, wütende Menschenhaufen umlagerten immer wieder das Haus Nommensens, der in dieser Leidensschule Gott auf seiner Seite hatte.

Trotz aller Wirren blühte das Gemeindeleben der kleinen Schar erfreulich auf. Nommensen ging schon im

Jahre 1866 daran, Gesetze und Ordnungen aufzustellen, da die jungen Christen die traditionellen Ordnungen ihres heidnischen Lebenskreises verloren hatten und der neue Pflichtenkreis eine Wegweisung erforderte. In der Gemeinde wurden Älteste eingesetzt, die die einzelnen Christen betreuten und die wöchentlich einmal mit dem Missionar zusammenkamen, um über alle Gemeindeangelegenheiten miteinander zu sprechen. Die Einrichtung sollte sich hinfort sehr bewähren. Nommensen hatte mit klarem Blick erkannt, wie dringend nötig die jungen Christen diese seelsorgerliche Betreuung und Begleitung brauchten. Ohne diese selbstlosen und treuen Helfer wäre sie undurchführbar gewesen, besonders als immer größere Scharen die Kirchen füllten. Über ihren geschätzten Dienst als Handlanger hinaus wurden sie mehr und mehr wichtige Mitarbeiter der Missionare und waren mit ihnen oft in inniger Freundschaft verbunden. Ihr Urteil in schwierigen Fragen der Anfangszeit und in Fällen, wo Kirchenzucht geübt werden mußte, erwies sich als äußerst wertvoll. Aus der Schar der kleinen Gemeinde gingen Diakonissen, Diakone und Lehrerinnen hervor; sie kümmerten sich auch um die Erziehung von Waisenkindern und sorgten für die Witwen.

Mit Billigung der Christen wagte Nommensen es, die Sitte des Frauenkaufs abzuschaffen. Diese Maßnahme erwies sich allerdings bald als verfrüht. Die ersten Christen hielten daran fest, später behielt man aus mancherlei Gründen die bestehende Sitte zunächst noch bei. Gewiß entsprach sie nicht der Vorstellung einer christlichen Ehe; aber in schweren Übergangszeiten mußte das Christentum an solche traditionellen Formen Zugeständnisse machen, bis das christliche Leben eine Macht im Lande geworden war und die Christen selbst die Beseitigung heidnischer Bräuche forderten. Verboten war aber eine Ehe zwischen Christen und Heiden; diese strengen Maßnahmen waren schon zum eigenen Schutz erforderlich. Neue Schwierigkeiten brachte dabei die Frage: Wo sollen die jungen Mädchen und Männer Ehepartner finden? Innerhalb der Gemeinde war nicht in allen Fällen eine Heirat möglich. War etwa der Brautschatz schon früher bezahlt worden, mußten Ausnahmen zugelassen werden. Oberster Gesichtspunkt blieb immer, daß das Christentum nicht die Eigenart eines Volkes zerstören will, sondern die Volkssitte, soweit sie nicht gegen die christliche Moral verstößt, durchdringen und positiv beeinflussen möchte. Das Verbot der Heirat innerhalb eines Stammes wurde von den Christen anerkannt. Aber alle Sitten, die auf heidnischen Aberglauben aufbauten, wurden von ihnen streng abgelehnt. Alle Streitigkeiten zwischen Christen und Heiden sollten möglichst vermieden werden; aber nicht immer hielten sie sich an die Mahnung, lieber auf Güter zu verzichten, als um solcher Dinge willen einen Streit und Krieg zu beginnen. Von dem Besuch heidnischer Feste riet man den Christen ab, auch wenn sie dort Zeugnis ablegen wollten, weil man die Nichtchristen nicht unnötig herausfordern wollte. Dagegen war jedermann verpflichtet, die biblische Geschichte genau zu kennen, um bei Gesprächen über die christlichen Wahrheiten genau Bescheid zu wissen und jederzeit Rechenschaft von seinem Glauben ablegen zu können.

Eine Ordnung des Gottesdienstes legte Nommensen fest und sorgte für die Einführung von Hausandacht und Tischgebet in den Familien. Die Betglocke erklang später fünfmal am Tage, auf deren Ruf hin sich hier und dort die Hände zu stillem Gebet falteten. Am Abend fand regelmäßig eine gemeinsame Abendandacht statt; im Katechumenenunterricht unterwies er die Taufbewerber. Die verheirateten Männer rief Nommensen zu Andachten und Aussprache zusammen; zu anderen Stunden versammelte er die verheirateten Frauen, die jungen Männer und jungen Mädchen um sich. Vielfach verlangten die Gemeindeglieder selbst danach; denn in diesen Zeiten der ersten Liebe wünschte man in alledem unterwiesen zu werden, was die Bibel über das christliche Leben aussagt und wie man dies im Alltag verwirklichen konnte. Es war ein Kennzeichen dieser ersten Christen, daß sie ganz ernsthaft bestrebt waren, nach Gottes Willen zu leben. Unter dem starken Druck der Verfolgung entstand ein Bedürfnis nach engem Zusammenschluß und Gemeinschaft. Dies war auch dringend nötig, denn die jungen Christen waren in den großen Versuchungen und Gefahren ihrer Umgebung auf diese Stütze und den Halt der Gemeinschaft angewiesen.

Wertvolle Hilfe fand Nommensen in dem Häuptling Radja Pontos, dem Enkel eines Mannes, der bei dem ersten Auftreten von Missionaren öffentlich erklärt hatte, daß er mit seinem Volk niemals die gute Sitte der Väter verlassen würde.

Radja Pontos war ein kluger Batak, allgemein hochgeachtet und einflußreich, auf den sich der Missionar nicht zuletzt bei seinen weiten Reisen durch das Land berufen konnte. Manche verschlossene Tür öffnete sich für Nommensen durch diese Beziehung, ohne daß Leib und Leben in Gefahr kam. Der Häuptling wußte Rat in Schwierigkeiten, trat für die Missionare und Christen standhaft ein.

Als er Christ wurde, ließ die Feindschaft gegenüber dem Christentum spürbar nach. Die Bataks waren gewohnt, ihren Häuptlingen im Guten wie im Bösen zu folgen. Das gab so manche überraschende Wendung, die Gutes bewirkte. Allerdings achtete Nommensen sorgsam darauf, daß die Heiden sich nicht etwa nur aus dem Grund bekehrten, weil Häuptlinge oder einflußreiche Eingeborene Christen wurden. Jede Verwässerung des Christentums durch Mitläufer lag niemals im Sinn Nommensens.

Um den Christen, die nach heidnischen Rechtsgrundsätzen nicht mehr leben konnten, Anhaltspunkte für ein christliches Gemeinschaftsleben zu geben, wurden Grundsätze für eine christlich-bürgerliche Gesellschaftsordnung aufgestellt, zu deren Einhaltung alle, die zum Christentum übertraten, sich verpflichten sollten. Danach konnten Strafen für Diebstahl, Sonntagsarbeit, Ehestreit, Respektlosigkeit und Verleumdung verhängt werden. Die christlichen Häuptlinge bekamen dadurch eine Grundlage für ein geordnetes Zusammenleben und die nötigen Maßnahmen, falls diese Ordnung nicht eingehalten wurde.

Niemals war beabsichtigt, sich zu Herrschern und Gesetzgebern des Volkes berufen zu fühlen. Allein wegen der fehlenden christlichen Obrigkeit waren gesetzgeberische Maßnahmen notwendig, damit gegenüber der Ungerechtigkeit und Willkür die erneuernden Kräfte des Evangeliums erkennbar wurden.

Es war allerdings nicht leicht, solche Absichten durchzuführen; denn auch in die christlichen Gemeinden kamen mit der Zeit allerlei Leute, die zwar mit dem Götzendienst brachen, sonst aber wenig Ernst zeigten, den sittlichen Forderungen der Botschaft Jesu in ihren Herzen Raum zu geben. Das geschah immer wieder trotz der Anfeindungen, die diese Menschen seitens der Heiden erfuhren, und trotz aller Wachsamkeit der Missionare, die Mitläufer fernzuhalten suchten. Diese Erfahrung lehrte, wie recht Jesus in seinem Gleichnis hatte, als er ankündigte, daß der Böse zwischen den guten Samen das Unkraut sät und es nicht in der Macht der Gottesdiener steht, Unkraut fernzuhalten. Durch Gottes Gnade stellten sich viele, die mit halbem Herzen dabei waren, später noch ganz auf die Seite des Evangeliums, andere fanden den Weg nicht und bildeten für die Gemeinden eine hemmende Last.

Einen guten Anknüpfungspunkt für die Verkündigung der neuen Botschaft lieferten manchmal alte Volksweisheiten der Bataks. Den Gegnern konnte nachgewiesen werden, daß nicht nur die Christen, sondern sie alle viel von den Gewohnheiten der Väter aufgegeben hätten, daß aber die Christen gerade dasjenige tun wollten, was ihre Vorfahren als gut gepriesen hatten.

Solche Sprichwörter geißeln z.B. die Lüge und die Unehrlichkeit, rühmen die Gastfreundschaft, die Friedfertigkeit, die Versöhnlichkeit und die Ehrfurcht, wenn sie sagen: „Wo wir auch sitzen, da ist Gott." – „Einmal gelogen, so glaubt man ihm nicht mehr." – „Wer einen Meineid schwört, dessen Enkel trifft es." – „Auf unrechtmäßige Weise Erworbenes fliegt davon." – „Wer nicht auf Ermahnungen hört, hat es zu bereuen." – „Hochmut ist der Anfang des Verderbens." – „Höflichkeit ist Leben, Frechheit Verderben." – „Wenn man sich streitet, hat man nur Unheil davon." – „Alle wissen die Fehler ihrer Mitmenschen; ihre eigenen Fehler lassen sie, ohne sich darum zu kümmern." – „Du leidest nicht darunter, wenn du einem Bittenden gibst." – „Wenn Gott segnet, wird ein Tropfen Tau zur Speise."

Viel Mühe kostete es, die kleine Gruppe der Christen vor Rückfällen in heidnische Gewohnheiten zu bewahren. Manche unter ihnen erkannten noch nicht, daß der neue Glaube mit vielen der althergebrachten Sitten unvereinbar war; außerdem erschreckte sie die wütende Feindschaft der heidnischen Umwelt immer wieder tief. Wiederholt griff Gott selbst ein, um zu warnen und zu erziehen.

Da erkrankte z.B. das Kind eines früheren Zauberpriesters. Alles Beten, alle Arznei half nicht, und der Tod schien bevorzustehen. In dieser Not bekannte der Vater dem Missionar, er habe, als er Christ wurde, seine kostbaren Zauberbücher an einen Verwandten weitergegeben, damit dieser sie studieren und ein geschickter Zauberer werden könnte. Reuig bekannte er sein Verhalten als Sünde, bat gemeinsam mit einigen Gläubigen Gott um Vergebung und um das Leben des Kindes, das dann durch Gottes Güte wieder gesund wurde.

Ein Christ hatte sich mit seiner Frau und Mutter von Gottes Wort abgewandt, verstockte immer mehr und verspottete das Christentum in seiner Umgebung. Wiederholte Ermahnungen zur Umkehr blieben ohne Erfolg. Eines Tages machte der Abtrünnige sich mit einem Verwandten auf, um in den Wäldern Gummiharz zu sammeln. Während der Arbeit mußte sein christlicher Mitarbeiter um seines Glaubens willen viel Spott erdulden. Eines Nachts hatte er einen bösen Traum von einem Geist, der in ihn gefahren sei und ihn zugrunde gerichtet habe. Als die beiden am folgenden Tage einen sonst harmlosen Fluß durchqueren wollten, wurden sie durch die starke Strömung fortgerissen. Der christliche Gefährte konnte sich retten; der Begleiter wurde mit den Wellen so rasch fortgetrieben, daß jede Hilfe zu spät kam.

Einem anderen Christen war die Frau gestorben; er wandte sich auf der Suche nach einer anderen an einen früheren Zauberer, der nun ebenfalls Christ geworden war. Er veranlaßte ihn, noch einmal aus den Eingeweiden eines Huhnes zu weissagen. Der Orakelspruch lautete: „Sei getrost, nimm die und die zur Frau! Sie wird lange leben und dir viele Kinder schenken!" Die Heirat erfolgte. Bald danach erkrankte die Frau und starb. Tief beschämt über ihre Torheit fanden die beiden abgefallenen Christen den Weg zum Missionar und baten um Vergebung.

Ein Jahrzehnt dauerte es, bis die Ohnmacht des Heidentums mehr und mehr offenbar wurde, immer mehr Menschen sich in den Kirchen drängten, überall im Tal und auf den Bergen neue Kirchen und Schulen entstanden. Das Erstarken der Gemeinden und die weite Entfer-

nung der Dörfer führte zur Gründung von Tochterge-
meinden.

Aber es kam noch ein Weiteres hinzu. Die Bataks waren in viele kleine Stämme gespalten, die eine ängstliche
Rivalität trennte. Auch nach der Annahme des Christentums hörte sie nicht immer auf; manchmal konnte man
wegen dieser Stammesgegensätze die Glieder verschie-
dener Stämme nicht zu einer Gemeinde und in einer Kirche vereinigen. Dies war zwar eine Notlösung, aber nur
so konnte die Botschaft der Bibel überhaupt den Menschen nahegebracht werden. Manche nahegelegene
Tochtergemeinde konnte mit der Zeit in die Muttergemeinde eingegliedert werden. Auch die überaus zahlreiche Bevölkerung begünstigte diese Grundlage; denn es
war unmöglich, alle zu einer Gemeinde gehörenden Kinder in einer Schule zu unterrichten. Diesen Weg schien
Gott zu bestätigen, denn er schenkte von Anfang an
Männer, die befähigt waren, unter Aufsicht verantwortlich mitzuarbeiten. Auf diese Weise vermochte sich ein
Kreis von Filialgemeinden als ein Zeichen gesunden Gemeindelebens zu entwickeln. An die Missionare stellte
dieses Filialnetz nicht geringe geistige und körperliche
Anforderungen, weil sie landauf, landab nach dem Rechten sehen mußten. Das Wachstum der Batakmission
wäre ohne diese Filialgemeinden undenkbar, das aufblühende Schulwesen und die regelmäßige Wortverkündigung undurchführbar gewesen.

Wenn man nach den Gründen fragt, wie es in Silindung
zu diesem schnellen Umschwung kam, so ist er zuerst
dem verborgenen Wirken Gottes zuzuschreiben. Wir
dürfen aber auch die Treue, Zähigkeit, Geduld und den
Mut der ersten Sendboten hervorheben. Gott hatte sich
Männer berufen, die für diesen schwierigen Dienst in
hervorragender Weise befähigt waren und die Frucht ihrer Treue und ihres Glaubens ernten durften. Entschei-

dend war aber doch, daß nach Gottes Plan die Stunde für die Christianisierung dieses Volkes gekommen war. Gott hat sich den Heiden offenbart und ihnen seine Macht erwiesen, so daß diese ihn als den allein Wahren, Lebendigen und Allmächtigen im Glauben annahmen. Viele Heiden kamen darüber zum Nachdenken, als sie merkten, wie sehr diese Religion Menschen verändern konnte. Sie konnten sich der Überzeugung nicht verschließen, daß das Christentum ihrer alten Religion unendlich überlegen war. Der Gegensatz war gewaltig: Hier mußten sie Opfer darbringen und den Geistern dienen, die sie jedoch nicht aus ihrer Furcht und Not zu befreien vermochten – dort dagegen ließen die Christen ihre Freude und Gemeinschaft mit Gott spürbar werden. Die kleine Christengemeinde genoß allmählich bei den rohen Heiden eine uneingeschränkte Hochachtung, weil sich die Überwindung der heidnischen Religion deutlich in ehrbarem Wandel, Geduld im Leiden, Versöhnlichkeit, brüderlicher Gemeinschaft zeigte.

Ein Bericht aus jener Zeit veranschaulicht eindrucksvoll den Umschwung in Silindung, wo einst Kannibalismus und Götzenanbeterei geherrscht hatten. Es heißt dort:

„Viele aus der Gemeinde waren uns auf dem Wege entgegengekommen, trotzdem ich es verboten hatte. Bei Banuadji begrüßten uns die Häuptlinge und die Schüler dieses Filials. Je näher wir nach Silindung kamen, um so mehr kamen uns die Leute entgegen zu Fuß und zu Pferd. Dreiviertel Stunden von Pearadja entfernt erwarteten uns die Brüder der Stationen im Tal und eine große Menge Leute. Bei dem ersten Dorfe unserer Gemeinde hatten sich sämtliche Älteste der Gemeinde versammelt und begrüßten uns mit einem Danklied. Am Wege bis zur Station hin waren Schüler der Gemeinde und auf dem Kirchplatz die Schüler des Seminars versammelt, welche uns mit ihren Liedern begrüßten. Die Schüler von Pearadja und die von Hutabarat sangen Lieder, die sie eigens für den Tag unserer Ankunft gedichtet hatten. Wir versammelten uns in der Kirche, die dicht gedrängt voll war, um dem Herrn gemeinsam zu danken für alle Barmherzigkeit, die er an uns und der Gemeinde getan hat. In den folgenden Tagen und besonders an den Festtagen wollte das Händegeben und Begrüßen fast kein Ende nehmen. Wir sind ganz beschämt und müssen bekennen: Wir sind nicht wert all der Barmherzigkeit und Treue, welche der Herr an uns getan hat."

In späteren Jahren erlebte Nommensen nach der Rückkehr von einem Erholungsaufenthalt in Europa einen ähnlichen großartigen Empfang. Tausende von Menschen eilten ihm entgegen, grüßten ihn mit Gesängen, und aus lauten Willkommensrufen schlug ihm eine Welle der Zuneigung entgegen, die ihm zeigte, daß sie ihren Missionar als einen Vater und Wohltäter des Landes verehrten. In diesem Augenblick erinnerte er sich gewiß an seinen ersten Einzug, als eine schreiende, tobende Menge wilder Menschen ihn umringte und als einen Feind des Landes haßte. Wie eindrücklich bestätigt sich hier das Bibelwort: „Siehe, ich mache alles neu!"

Durch den Bericht eines eingeborenen Mitarbeiters über die Art, wie die Missionsfeste gefeiert wurden, bekommen wir einen Einblick, wie lebendig und fröhlich es in den Gemeinden zuging:

„Am 29. Juli fand das Missionsfest in Laguboti statt. Als die Menge sich zu versammeln begann, bliesen erst die Seminaristen unter einem Baum vor der Kirche. Weil zu viele Menschen gekommen waren, so teilte man sich in zwei Abteilungen: die Männer in der Kirche, die Frauen und die Seminaristen unter den Bäumen.

Als die Kirchzeit herankam, begaben sich die Prediger an ihre Plätze. In der Kirche predigten der Herr Ephorus Nommensen und einige bataksche Prediger, draußen Herr Meerwaldt und einige bataksche Prediger. Nachdem man aus der Kirche herausgegangen war, versammelten sich alle unter den Bäumen, um die Posaunisten zu hören und zu sehen, wie die Gaben gebracht wurden. Das ging aber so zu:

Alle Filialen, die Gaben brachten, sammelten sich mit ihren Schülern je an einem besonderen Orte. Die Schülerinnen kamen zusammen vor dem Hause des Fräulein Niemann, um von da aufzubrechen und ihre Gaben auf den Tisch zu legen, der von den Missionaren, Eingeborenenpredigern und anderen aufgestellt war. Erst bliesen die Seminaristen. Dann kam Fräulein Niemann an der Spitze ihrer Schülerinnen. Diese trugen Säcke auf dem Kopf mit Reis, schön verziert; sie marschierten zu zweien und sangen dabei, voran zwei Mädchen, welche Teller trugen, auf denen Gold und Gewänder lagen. Das legten sie auf den Tisch, den Reis aber in eine große Kiste; dann zogen sie um das Haus des Missionars und kehrten auf ihren Platz zurück.

Ihnen folgten die Schülerinnen mit Fräulein Weetneck und machten es ebenso. Darauf kamen die Industrieschüler von Narumonda und brachten zwei selbstgearbeitete bekränzte Stühle als ihre Gabe. Darauf folgte jede einzelne Gemeinde singend, von ihrem Lehrer angeführt. Alle, die kamen, brachten Reis in Säcken, einige führten ein Pferd, andere Schafe, Ziegen und Geld, manche ließen alle ihre Schüler mit Fähnchen aufmarschieren. Einer der Prediger sprach ein Dankwort zu allen, die kamen, und jedesmal sangen oder bliesen die Seminaristen, um zuzujauchzen, wenn die Geschenke kamen.

Am schönsten sah es aus, als Lehrer Elisa mit seinen Schülern und Jünglingen kam. Erst standen sie in Reih und Glied wie Soldaten. Dann marschierten sie zwei und zwei, langsam und im Schritt, vierstimmig singend, es klang, als antworteten sie sich, und das alles stimmte mit dem Tritt. Ein vorangehender Jüngling trug auf dem Kopfe einen Korb, daran hingen Gürtel und Kopftücher, im Korbe aber waren Reis und 25 Gulden.

Die Leute freuten sich über das, was sie hörten und sahen; denn viel Schönes sahen und hörten sie. Auch die Oberhäuptlinge, Regierungsschreiber, Dorfhäuptlinge, Ältesten, Väter und Mütter brachten Geschenke, jeder im Anschluß an seine Gemeinde. So war einmütig Freude. Danach versammelte man sich zum zweiten Male im Freien. Man rechnete die Gaben zusammen: Es war an Geld 140,34 Gulden, der Wert von Sachen und Vieh 54,50 Gulden, Reis im Werte von 87,50 Gulden, zusammen 282,34 Gulden. Man hatte außerdem gebracht: Bananen, Enteneier, Kopftücher, Gürtel, Gläser, Teller, Kaffee, gewebte Gewänder, Stühle, Ziegen, Schafe und ein Pferd."

Im Tobaland

Der Missionsarbeit war ein erfolgreicher Vorstoß in die heidnischen Gebiete gelungen, aber noch immer widersetzte sich das Tobaland um die Ufer des Tobasees jedem missionarischen Einfluß. Dieser Hochgebirgssee galt als

Nationalheiligtum, und kein Weißer durfte sich dort aufhalten. Aus Berichten schloß man, daß dort dichtbesiedelte Landstriche zu finden waren. Die Macht des Heidentums sollte dort noch ungebrochen sein.

Missionar Nommensen beabsichtigte bereits im Jahr seiner Ankunft 1862, von Baros aus in dieses Gebiet vorzustoßen. Ihn lockte das Geheimnis des Tobasees, um dessen Gebiet die Bataks eine zaubererfüllte Mauer errichtet hatten. Damals erfüllte sich sein Wunsch nicht; aber über allen Plänen und Sorgen seines missionarischen Wirkens verlor er dieses Ziel nicht aus den Augen. Besonders stark brach dieser Wunsch wieder auf, als drei seiner Mitarbeiter als erste Weiße 1873 in einem wagemutigen Ritt überrascht am Rande der Hochebene vor sich den geheimnisvollen, tiefblauen Bergsee erblickt hatten. Betroffen stellten sie fest, daß zu ihren Füßen an den Ufern und Buchten des Sees, umgeben von üppigen Reisfeldern, unzählige Dörfer lagen. Über den See glitten zahllose schmale Boote aus ausgehöhlten Baumstämmen, eine große gebirgige Insel erhob sich aus ihm, in weiter Ferne rahmten hohe Bergzüge den wunderschönen See ein. Das Randgebirge, auf dem sie standen, fiel fast senkrecht zum See ab: ein Bild unendlicher Naturschönheit.

Freilich endete dieser Ritt jäh und dämpfte die Wogen der Begeisterung. Auf die Kunde von dem Einbruch der drei Weißen strömten Tausende von Eingeborenen zusammen, die blutige Rache üben wollten. Nur über Schleichwege, durch Dickicht und Morast konnten sie noch entkommen, und auch dies verdankten sie weitgehend der Hilfe des wohlgesonnenen Häuptlings Radja Pontos. Der See blieb verboten. Aber es blieb an seinen Ufern nicht verborgen, was in Silindung vorging.

Drei Jahre später ritt Nommensen mit einem Begleiter denselben Weg. Ein alter Häuptling, der in seinem

Küstenort die neue Botschaft hören wollte, die in Silindung Frieden gebracht hatte, verbürgte sich für ihr Leben. Auf dem Marktplatz in Balige waren Zehntausende zusammengeströmt; die beiden Weißen glichen einer einsamen Klippe im tosenden Meer, so umbrandeten sie die Drohungen und Verwünschungen; doch es erhob sich keine Hand gegen sie. Mit Schaudern nahmen sie wahr, wie auf diesem Markt neben unzähligen Waren auch Menschen zum Verkauf angeboten wurden. Es waren kaum zwölfjährige Waisenkinder darunter, die ihren Verwandten als Lösegeld dienen sollten. Ohnmächtig stand Nommensen diesem Treiben gegenüber; aber immerhin konnte er zahllosen Kranken Hilfe leisten, indem er Medizin verteilte.

Seine Verkündigung von der Auferstehung der Toten löste starken Widerspruch aus. „Du lügst!", so unterbrachen sie nach jedem Satz seine Rede, deren Inhalt für diese Menschen Ungeheuerliches bedeutete. Nach zahlreichen Verhandlungen willigte der Dorfhäuptling von Balige schließlich ein, hier einen Missionar aufzunehmen. Auf dem Rückweg nach Silindung warf Nommensen noch einen letzten Blick auf den blauen See und rief seinem Begleiter zu:

„Du Land am See, ich höre überall die Glocken klingen über dir, sehe die Scharen deiner Bewohner deine Schule und Kirchen füllen, schaue Gärten auf deinen jetzt kahlen Höhen, üppige Wälder, geordnete Christendörfer ohne Zahl, bataksche Lehrer und Prediger auf deinen Kathedern und Kanzeln! Noch stemmst du dich trotzig gegen den König Jesus; aber wie der Ozean zum Strande drängt unhemmbar und unaufhaltsam, so wird das Wort des Ewigen zu dir drängen unhemmbar und unaufhaltsam. Die Sonne ist aufgegangen über dem Batakland; wer will ihr wehren, daß sie herüberscheint bis zum Strand von Toba!"

Der Bann war gebrochen. Nommensen konnte 1881 zwei Missionare in das Tobaland entsenden. Die Sitten dort waren roh, wie etwa die folgende Episode zeigt: Sie begegneten einem Mann, der mit einem Menschenschädel unter dem Arm ihren Weg kreuzte. Es entspann sich ein Gespräch:

„Na, Freund, du hast ja einen merkwürdigen Geschmack; was willst du mit dem Schädel da?" – „Heimtragen, daß seine Seele meiner dienstbar wird." – „Wo hast du ihn her?" „Übriggeblieben." – „Wobei?" – „Beim Fressen, wobei sonst?" – „Habt ihr ihn erschlagen?" – „Natürlich." – „Warum? Erzähle! Wie hieß er denn?" – „Si Tahop hieß er, der große Kämpfer, wir haben ihn klein gekriegt." – „Was hat er denn getan?" – „Er strebte nach der Herrschaft im Dorf und war doch ‚hergelaufen'. Da hat ihm mein Schwager den Krieg erklärt." – „Kam's zum Gefecht?" – „Wir fingen ihn und seine Frau und seine Mutter." – „War das denn so einfach?" – „Nun, eben nachts, als er schlief. Wir waren viele, und er hatte nur ein Messer." – „Konnte er sich denn nicht loskaufen?" – „Keine Rede, er mußte sterben." – „Schrie er denn nicht?" – „Freilich, aber was half ihm das, er lag ja im Block." – „Und dann?" – „Haben wir ihn gegessen, ganz natürlich." – „Wieso natürlich?" – „Nun einfach; mein Schwager schlug ihm den Kopf ab, viel war ja nicht mehr durchzuschneiden. Er bekam dann das Herz und so viel Fleisch, wie er wollte. Von uns anderen briet sich jeder ein Stückchen, den Rest haben wir mit Pfeffer und Salz gekocht und später gegessen. Die Knochen hängen jetzt zu Haus. Seine bösen Geister haben wir durch Schüsse vertrieben und seinen Kopf vergraben. Den habe nun ich." – „Was geschah denn mit seiner Frau?" – „Die hab' ich für meinen Schwager auf dem Markt für 120 Gulden verkauft, das hat uns die Kriegskosten gedeckt und noch ein bißchen mehr, weißt du." – „Und was wurde aus der Mutter?" – „Die Mutter, ach, die war alt, so schlecht wie der Sohn, sagte der Zauberpriester, da haben wir ihr auch die Nase abgeschnitten." – „Und sie auch gefressen?" – „Was denn sonst? Das ist doch ganz natürlich."

Wie ein Wunder mußte es da den Missionaren erscheinen, daß ein Schuldsklave, der zum ersten Mal die biblische Botschaft hörte, ihre Predigt und ihre Absicht ganz klar erkannte und dann sagte:

„Diese Männer sind zu uns gekommen aus lauter Liebe; sie haben ihr Land, ihre Eltern, ihre Freunde verlassen, um uns aus unserem Elend zu helfen. Darum denke ich, wir wollen gut zu ihnen sein."

Bald erschien ein Vater mit seinen zehn Söhnen, ließ sich mit allen in der bescheidenen Missionshütte nieder und bat um Unterricht im christlichen Glauben. Auch der Schulunterricht konnte beginnen, denn Lernbegierige eilten von allen Seiten herbei und brannten vor Eifer. Gerade die Jugend drängte hier voran, zeigte viel guten Willen beim Lernen und beginnende Selbstzucht.

Nach einigen Monaten vollzogen die Missionare die ersten Taufen. Zu den immer neuen Taufbewerbern gesellte sich eines Tages ein bis dahin allem missionarischen Wirken widerstrebender Zauberer. Im Kreis der um die Bibel gescharten Zuhörer des Missionars öffnete sich sein Herz für das Evangelium, dem er später nie wieder die Treue gebrochen hat. Oft war diese Zeit der ersten Liebe voller Wunder; sie ließen alles Schwere und Enttäuschende vergessen, das im Kampf um Toba nicht fehlte. Es wurde manches erreicht, wozu in anderen Gebieten Jahre notwendig waren. Eines Tages kam die Jugend zu ihrem Tuan (Herrn) und bat um ein Symbol ihrer neuen Gemeinschaft und des Glaubens ihrer Jugend. Sie verfertigten ein Banner aus roter Seide, auf das sie die Worte stickten: „Wenn Gott nicht gnädig und seine Güte nicht groß wäre, wohin sollte ich gehen? – Weil aber deine Güte und Gnade groß sind, wandere ich auf den Himmel zu."

Inzwischen näherte sich Nommensen nach einem kurzen Aufenthalt in Europa voll neuer Pläne und in fragender Erwartung wieder Sumatra. Auf seinem Schiff befanden sich andere Missionare, Ärzte, Diakonissen oder Kaufleute, die nach und nach in Afrika oder Indien den Dampfer verließen. Gemeinsam tauschten sie Erfahrungen aus und stärkten sich untereinander im Blick auf kommende schwere Arbeit. Sie wußten, überall da, wo im Dienst des Christus um Menschen in Not und Dunkel gerungen wird, da bleibt der Kampf nicht aus.

Auf der ganzen Erde sahen sich wenige Freiwillige ganzen Völkerschaften gegenüber, wobei nicht ein Rechenexempel galt, sondern Gottvertrauen allein zum Ziel führte. Sie wußten, daß sie nicht unfehlbar waren, aber sie vertrauten ihrem himmlischen Herrn und ließen sich von seiner Liebe in Bewegung setzen. Durch Rückschläge wollten sie sich nicht lähmen lassen, sie setzten allem immer wieder das „Dennoch" des Glaubens entgegen.

Die Stärkung dieser Streiter Gottes untereinander auf dem Weg nach China, Japan, Indien war in diesen Wochen fruchtbringend für jeden einzelnen. Zugleich sahen sie mit klarem Blick den unheilvollen Einfluß, den der Weiße ausübte, der nur um des reinen Erwerbs willen hinauszog und sich nicht scheute, im Handel mit Schnaps und Opium die Zukunft ganzer Völker zu bedrohen. Hier konnte Nommensen, der ruhige und gütige Vater seiner Eingeborenen, ergrimmen, wenn ihm solche Vertreter Europas begegneten, die mit einer oft hemmungslosen sittlichen Lebensauffassung weite Gebiete innerlich verseuchten und zum Fluch für ungezählte Menschen wurden. Es gab und gibt viele Europäer, die jede Missionstätigkeit ablehnen oder als überheblich bezeichnen. Sie preisen begeistert die Kultur und Religion der Naturvölker und raten, diese Menschen ungestört in ihrem paradiesischen Zustand ungetrübten Glücks zu lassen. Nommensen pflegte dann nicht ohne Zorn von dem „ungetrübten paradiesischen Glück" der animistischen Bataks zu erzählen, das aus Geisterfurcht, Menschenfresserei und unaufhörlichen Kriegen bestand. Dies löste jedesmal Verwunderung aus.

Wieder tauchten die Berge Sumatras auf, Nommensen betrat zum zweitenmal die geliebte Insel. Die Ankunft unterschied sich gewaltig von seiner ersten Reise: Häuptlinge kamen ihm bis zur Hafenstadt Sibolga entgegen, am Wege stand die Schuljugend mit ihren Lehrern. Ganze Scharen Männer und Freunde erwarteten ihn am Taleingang und begleiteten ihn in einem Triumphzug auf die Missionsstation.

Zu dem ersten Gottesdienst konnte die große Kirche die Scharen nicht alle fassen. Posaunenklang vereinigte sich mit den Menschenstimmen zu dem Jubelruf: Ehre sei Gott in der Höhe!

Jedoch über dieser erfreulichen Entwicklung flammte der Zorn des Singa Mangaradja in seinem Bergland Timor mehr und mehr auf. Er gab den Befehl, in Toba keinen Missionar zuzulassen und diejenigen, die sich bereits angesiedelt hatten, zu verjagen. Für alle auf einsamem Vorposten stehenden Missionsleute begannen schwere Tage. Auf der Station mußte Tag und Nacht gewacht werden, weil die Einwohner von den Aufständischen aufgewiegelt wurden und sich zunehmend herausfordernder benahmen. Es fanden sich immer Leute bereit, bei Erscheinen des Priesterkönigs zu ihm überzugehen und beim Vertreiben der Weißen zu helfen.

Eines Tages fiel der Singa Mangaradja mit seinen wilden Kriegsscharen über die Missionsstation her und ließ sie in Flammen aufgehen. Sein Kriegsschwert schwingend, rief er in die Flammen: „Wo ist der Tuan, damit ich ihn meinen Kriegern zum Auffressen gebe?"

Balige mit seiner kleinen Christenschar geriet in eine gefahrvolle Lage. Zu Tausenden lagerten die Aufständischen unweit des Missionshauses, Tag und Nacht tönte schauerliches Kriegsgeheul herüber. Die Missionare entschlossen sich zu bleiben und stellten nur ihre Frauen unter den Schutz einer kleinen holländischen Militärabteilung. Wie wunderbar stärkte es ihren Glauben, als sie an einem dieser Tage in den Losungen den beigegebenen Liedvers lasen: „Selbst das Erliegen nach dem Schein muß oft für Stadt und Land der Anfang seiner Rettung sein durch seine Wunderhand."

Eine Zeitlang wartete der holländische Befehlshaber die Entwicklung ab, um dann mit seiner kleinen Streitmacht die starkbewaffnete, vieltausendköpfige Menge anzugreifen. Schon bei den ersten Schüssen wurde der Singa Mangaradja verwundet. Nach batakschen Begriffen war dies ein übles Vorzeichen, denn es deutete auf die Ungunst der Götter. In wilder Flucht stoben die an Zahl so übermächtigen Feinde auseinander, Europäer und Christen waren gerettet.

Damit wurde der Herrschaft des Priesterkönigs im Tobaland ein empfindlicher Schlag versetzt. Das Heidentum verlor in den Herzen vieler Menschen an Macht und Ansehen, nachdem trotz aller prahlerischen Versprechungen und Drohungen des Oberpriesters seine Ohnmacht so offenkundig geworden war.

Die Antwort auf Gottes gnädige Durchhilfe gaben die bestehenden batakschen Christengemeinden damit, daß sie Älteste, Lehrer und Prediger zu einer großen Konferenz an das Ufer des so lange verbotenen Sees abordneten. Dunkelhäutige Christen, Abgesandte der Steppe, aus der südlichen Hochebene und Tälern des Landes füllten den Marktplatz von Balige und brachten zum Ausdruck, daß es ihnen Ernst war mit ihrem Willen, eine missionierende Kirche zu sein und in dem Kampf um den blauen See nicht nachzulassen.

Nun hielt es auch Nommensen nicht länger in Silindung, es drängte ihn wie immer an den Brennpunkt der Missionsarbeit. Mit einigen einheimischen Helfern und Lehrern wählte er Laguboti am See als Wohnsitz. Sonntäglich zogen sie in die Dörfer, um zu predigen, zu unterweisen, Kranke zu besuchen und vorzulesen. Wenn die Batakevangelisten nach Tagen oder Wochen in die Muttergemeinde zurückkehrten, machten sie es wie einst Paulus in Antiochien und berichteten der andächtig lauschenden Gemeinde von allem, was sie gesehen und erfahren hatten.

Anschaulich vermag die Schilderung des Altjahrsabends aus jener Zeit verdeutlichen, wie ernst die Ältesten und Lehrer ihre Aufgabe nahmen. Nach Schriftlesung, Gesang und Gebet berichtete einer der Teilnehmer, nachdem der Missionar aufgefordert hatte, in aller Offenheit von den sie bewegenden Gedanken, Sorgen und Nöten zu sprechen:

„Es ist mein Wunsch und Gebet, daß ich keine alten, unvergebenen Sünden mit ins neue Jahr nehme. Ich weiß, ich habe viel gesündigt. Wenn der Apostel Paulus sagt: ‚Ich bin der größte Sünder‘, so muß ich das auch von mir sagen.

Aber ich weiß auch, daß Gott mir um Jesu willen vergibt. Möge der Herr auch die Gnade schenken, daß mein Leben Zeugnis ablege von meinem Glauben an Jesus, damit auch ich Kraft habe, meine Genossen zu Jesus zu führen!"

Ein anderer Ältester klagte: „Ich bin sehr traurig. Wir sind in unserem Dorf die ersten gewesen, die lernten und getauft wurden, und nun sieht es aus, als ob wir am verhärtetsten wären. Wenn ich jemand ermahne, so hört man nicht auf mich. Das macht mich sehr traurig."

Darauf antwortete der Missionar: „Wenn ihr Ältesten seht, daß mein Wandel irgendwo nicht mit Gottes Wort übereinstimmt, dann tut mir die Liebe und sagt es mir, damit ich nicht etwas predige, was ich euch nicht vorlebe! Ihr müßt nun denselben Sinn haben. Wenn ihr predigt und handelt nicht danach, dann sind eure Worte nichts nütze. Also fordert nichts von den Leuten, was ihr nicht selbst leistet! Außerdem wähle sich jeder ein oder zwei Freunde, mit denen er zusammen treu für die ihm anvertrauten Seelen betet, dann wird es besser gehen."

Nommensen, dem die Eingeborenen den Ehrentitel „Ompu" (Großvater) gegeben hatten, richtete seine Blicke weiter vorwärts. Er suchte nach Wegen, wie die Frohe Botschaft in die Landschaft Si Gumpar gelangen konnte. Bei einem ersten Besuch in diesem Gebiet legten ihm die Häuptlinge ihren Rechtsstreit um einen großen, gut gelegenen Acker vor. Die Antwort des Ompu lautete: „Wenn zwei große Hunde um einen Knochen raufen und sich schließlich beißen, kommt am Ende ein kleiner Hund und holt sich ihn weg. Ich schlage euch vor, ihr laßt mir den Acker, dann ist euch beiden geholfen."

Dieser Richterspruch befriedigte beide Teile, und Nommensen hatte wieder einen Bauplatz gewonnen.

Die Herzen in Toba gewann er auf seltsame Weise. Eines Tages rief man ihn zu Hilfe, weil eine feindliche Partei ein junges Mädchen geraubt und an den Schlachtpfahl gebunden hatte, um es bei einem kommenden Fest zu töten. Das arme Mädchen hatte bereits zwei Tage und eine Nacht, Hitze, Wind und Regen preisgegeben, gefesselt im Freien gestanden. In Begleitung einiger Häuptlinge ritt der Missionar, ohne die Pferde zu schonen, einen Tag und eine Nacht, bis er den Ort der Untat erreichte.

Nommensen mit Kindern vor der Poliklinik in Si Gumpard.

In dieser Region hatte kein Regierungsbeamter etwas zu sagen; so konnte nur ein Lösegeld helfen, um endlosen Krieg zwischen den Dörfern zu vermeiden. Auf diese Weise gelang es ihm, den Frieden zu erhalten und unbelästigt nach Hause zu kommen. Wie weitreichend sein Eingreifen war, erwies sich in dem Augenblick, als die Häuptlinge dieser Gegend kamen, um Freundschaft mit Nommensen zu schließen und um das Kommen von Missionaren zu bitten.

So hatten sich die Zeiten geändert. Man verlangte jetzt nach Missionaren und Lehrern. Eine weise vorausschauende Vorbereitungsarbeit Nommensens hatte den Boden aufgelockert, unermüdliche Evangelisationsarbeit eingeborener Christen wirkte in der Stille und schuf eine innere Aufgeschlossenheit für das Evangelium. Die ärztliche Tätigkeit verschaffte hier, wie auch sonst in Sumatra, dem Missionar offene Türen, indem Gott seinen Boten manche Krankenheilung gelingen ließ.

In den neugewonnenen Gebieten verpflichteten sich die Häuptlinge, folgende Gesetze einzuhalten: keine Kriege mehr zu führen; Streitsachen, die sie nicht in Frieden beilegen konnten, vor den Beamten in Laguboti zu bringen; das Spielen um Geld zu lassen und streng zu verbieten; jederzeit dem Beamten zu gehorchen; alle Gouvernementsuntertanen, die auf ihr Gebiet kamen, zu schützen; den heidnischen, alle vier Tage stattfindenden Markt abzuschaffen und dafür einen siebentägigen Markt einzuführen.

Kleine Gemeinden und aufblühende Schulen entstanden, der Einfluß der Missionstätigkeit verbreitete sich ohne augenfälligen Widerstand, und die Toba-Bataks räumten der neuen Religion eine Vertrauensstellung ein. Wenn auch die meisten noch nicht daran dachten, Christen zu werden, so leisteten sie doch keinen offenen Widerstand mehr.

Viele erklärten: „Wir werden kommen, aber jetzt noch nicht." Oder: „Die christliche Religion ist gut, aber ich habe vorher noch etwas zu erledigen." Oder: „Es gibt Erste, und es gibt Letzte." Was ein heidnischer Zauberer erklärte, war die Meinung derer, die am Fortbestand des Heidentums irgendwie interessiert waren: „Ich weiß wohl, daß über kurz oder lang alle eurer Lehre folgen werden. Darum will ich jetzt um so mehr dein Gegner sein und versuchen, soviel wie möglich noch zu erwerben, damit ich später, wenn ich keinen Verdienst mehr habe, leben kann."

Von dem sozialen Elend der Tobabevölkerung schrieb Nommensen damals in einem Brief:

„Nachdem ich etwa ein Jahr in Si Gumpar gearbeitet habe, habe ich einen Einblick in die große Not der Armen und die Ungerechtigkeit der Reichen getan. Die Mehrzahl der Bevölkerung ist total verschuldet an die wenigen Reichen. Das letzte Jahr hat die Armen noch tiefer in Schulden gebracht, weil die Ernte schlecht ausgefallen ist. Der Grund der Armut mag in ihren ersten Anfängen wohl eigene Schuld sein, aber der abnorme Zinsfuß hat wohl das meiste getan, um das Volk in Abhängigkeit zu bringen.

Wenn die Leute nichts mehr zu essen haben, so gehen sie nicht etwa leihen; denn verliehen nach unseren Begriffen wird nichts, sondern sie nehmen 5-20 Scheffel Reis von einem Reichen auf Zins. Gewöhnlich geschieht das sechs Monate vor der Ernte. Diese 5-20 Scheffel müssen sie bei der Ernte doppelt zurückzahlen, und wenn sie das nicht können, wird ihre Schuld jährlich verdoppelt. 20 Scheffel werden so im Laufe von 6-7 Monaten zu 40 Scheffeln Schuld, und dann wird jährlich verdoppelt. Kann jemand nicht zahlen, so wandern seine Kinder in die Häuser der Reichen und sind deren Sklaven. Beim Entleihen von Geld geht es gerade so. Diese sozialen Verhältnisse sind Abgründe, die augenblicklich nicht auszufüllen sind. Ich denke aber, daß das Evangelium auch in diesem Punkte wird Wandel schaffen können."

Als ein schweres Hindernis für die Ausbreitung des Wortes Gottes in Toba erwiesen sich die Leichenbestattungsfeierlichkeiten der großen Häuptlinge. Die bataksche Sitte schrieb vor, daß ein Verstorbener aus angesehener Familie zunächst vorläufig begraben wurde. Nach Ablauf des Verwesungsprozesses wurden die Knochen ausgegraben, gesalbt, den Verstorbenen geopfert, um sie dann in dem zur Ahnenverehrung bestimmten Grab feierlich beizusetzen.

Alle Heiden, die ein derartiges Bestattungsfest vor sich hatten, lehnten es ab, Christen zu werden. An dem Festtag kamen von allen Seiten Dorfbewohner, begüterte Verwandte mit reichen Geschenken für die Hinterbliebenen herbei, Tänze und Musik ließen die Festgäste in hellen Freudentaumel geraten. Derartige Geschehnisse brachten Christen und Taufbewerber in schwere Versuchungen, weil die alte Sitte verlangte, daß alle Verwandten an den Geschenken zu Ehren des Toten sich zu beteiligen hatten. Verlockend war das Festtreiben, dem zuzusehen mancher nicht widerstehen konnte. Immer wieder wurde den Missionsboten von Heiden erklärt, wenn sie sie zum Taufunterricht aufgefordert hatten, daß erst noch ein Totenfest zu veranstalten sei, ehe sie an der Christenlehre teilnehmen könnten. In aller Offenheit erklärten die Leute einmal dem Missionar, die alte Mutter des Häuptlings sei daran schuld, daß die Missionsarbeit nicht recht vorangehe. Erst nach ihrem Tod mit dem anschließenden feierlichen Begräbnis nahm die Zahl der Taufbewerber tatsächlich zu.

Ein Häuptling vollzog seinen Übertritt zum Christentum auf ganz eindrucksvolle Weise. Bevor er diesen Schritt öffentlich bekundete, veranstaltete er noch einmal ein großes Ahnenfest; viele Büffel wurden geschlachtet, Musik und Tanz aufgeboten. Als das Fest auf dem Höhepunkt war, trat er vor die Menge, breitete seine Hände aus, wie man es bei heidnischen Gebeten tat, und rief: „So, nun habe ich euch noch einmal ein Fest veranstaltet. Das ist aber das letzte; denn nun will ich ein Christ werden. Möge es uns beiderseits gutgehen!" Von dieser Stunde an brach er mit dem Heidentum und lebte fortan als Christ.

Streit, Spiel und Verschuldung machten Ompu Nommensen in Toba viel zu schaffen. Tagelang konnten diese Menschen bei Hahnenkämpfen und Würfeln sitzen und dabei Haus, Hof, Weib und Kind versetzen. Unter Umständen endete das Spiel mit dem Einsatz der eigenen Person, der eigenen Schuldhaft. Einmal mußte Nommensen eine Mutter mit Tochter lösen, die bereits ein Jahr im gliederzerreibenden Block schmachteten, weil der Vater zwei Mark nicht bezahlen konnte.

Grenzenlos war die Hörigkeit des Volkes gegenüber den Dorfhäuptlingen. Schon immer waren die Bataks leidenschaftliche Glücksspieler gewesen; erregt saß man im Kreis um abgerichtete Kampfhähne herum, auf die Wetten gesetzt wurden; Würfel oder Kupfermünzen rollten. Später fanden auch Spielkarten Eingang im Land. Unendlich viele Streitigkeiten und Kriege wurden hierdurch ausgelöst.

Den unheilvollen Einfluß des Spieles deutlich zu machen, war immer wieder ein Anliegen der Missionsboten. Verständige Bataks gaben das auch zu; aber sie vermochten weithin dem Spielteufel nicht zu widerstehen. Strenge Gesetze der holländischen Behörden dämmten das Spielen allmählich ein.

Der Tobasee war ein Schauplatz grausamer Raubzüge und schreiender Ungerechtigkeiten; alle an seinen Ufern lebenden Stämme lebten von Raub und Krieg. Harmlose Fischer wurden auf dem See gefangen und irgendwohin verkauft. Es galt das Gesetz, daß alles, was auf dem See war, als Fisch anzusehen ist, den man nach dem Recht des Stärkeren fangen darf.

Von der Grausamkeit in Toba vermittelt folgende Geschichte einen Eindruck, die batakschen Evangelisten so berichtet wurde: Ein Häuptling war mit einem anderen Fürsten verfeindet und ihm im Krieg unterlegen. Nun haßte er seinen Widersacher mit der ganzen Kraft seiner Seele. ,Mein Herz ist wie das Mal meiner Wunden, das sich nicht auswischen läßt. Es kann nicht ruhen, bis ich mich gerächt habe.' Da er sich nicht stark genug fühlte, die ersehnte Rache im Kampf zu suchen, ersann er eine teuflische List. Er bat seinen Todfeind, ihm seine Tochter zur Frau zu geben, und wußte jahrelang seinen Haß gegen den Schwiegervater zu verbergen. Jahre später, als seine Frau ihm bereits das dritte Kind geboren hatte und sein Schwiegervater glauben mußte, daß der alte Streit längst begraben sei, war für ihn die Zeit gekommen, seinen Racheplan auszuführen. Er ließ eine freundliche Einladung an seinen Gegner ergehen mit der Botschaft, der Zauberer habe ihm geraten, dem Schwiegervater eine Mahlzeit zu bereiten, damit die Geister ihn und seine Familie mit Gesundheit segnen möchten.

Ahnungslos kam der Geladene mit sechs Genossen an. Das Gastmahl verlief in der gewöhnlichen Weise, indem man ein Schwein schlachtete und sich gegenseitig Segenswünsche aussprach. In der Nacht führte dann der Häuptling seine Gäste zum Gästehaus, wo sie sich schlafen legten. Kaum waren sie eingeschlafen, da ließ der Häuptling einen Bambuszaun um das Haus machen, damit keiner entfliehen konnte. Dann ließ er mit einigen seiner Leute einen langen schweren Balken, der über den Schlafenden festgebunden war, auf diese herab, so daß sie sich nicht rühren konnten, und dann wurden vier von ihnen, der Todfeind voran, auf die scheußlichste Weise abgeschlachtet. Man schnitt ihnen Stücke Fleisch bei lebendigem Leibe heraus, röstete und verzehrte sie vor ihren Augen. Die Roheit des Häuptlings ging so weit, daß er seine Frau, die über das schreckliche Los ihres Vaters laut heulte und wehklagte, zwang, ein Stück Fleisch von ihrem Vater herunterzuwürgen.

Inmitten solcher Finsternis und Brutalität konnte Nommensen aber dann auch geradezu unwahrscheinliche Erfahrungen machen, wie Gott selbst die verhärtetsten Menschen völlig umkrempeln kann.

Da steuerten eines Tages zwei Ruderboote auf Laguboti zu. Von Bewaffneten und Häuptlingen des Seeräuberhorstes Samosier umringt, die unaufhörlich die Häfen des Sees unsicher machten, saßen zwei weiße Männer als Gefangene im Boot. In ihrem Forschungsdrang hatten sie die Insel heimlich betreten und waren dort gefangen worden. Den sicheren Tod vor Augen, hatten sie zum Beweis, daß sie keine holländischen Spione seien, sich auf ihren Bekannten „Herrn Nommensen" berufen, dessen Namen sie im Lande hier und dort hatten nennen hören. Ihr Leben hing von dem ihnen unbekannten Mann namens Nommensen ab. Ohne weiteres waren die Häuptlinge bereit, den Worten der beiden Weißen zu vertrauen. Nicht mit Unrecht folgerten sie, daß Landsleute des Ompu Nommensen auch seinen Glauben haben müßten, und begannen, die Forscher in einem Kreuzverhör nach allem zu fragen, was auf den ersten Seiten der Bibel steht. Es wurden den beiden Weißen einige Seiten der batakschen Übersetzung des Matthäus-Evangeliums vorgelegt. Dieses ungewöhnliche Examen bestanden die Forscher. Nun wollten sich die Häuptlinge von Nommensen bestätigen lassen, daß die fremden Männer auch wahr geredet hatten. Auf der Missionsstation angekommen, mußten sie erfahren, daß Tuan Nommensen gerade auf Reisen war. Ein Missionar der benachbarten Station Balige bestätigte die Herren als Deutsche. Daraufhin ließen die Seeräuber beide Männer frei, händigten ihnen ihr gesamtes Eigentum aus, ohne daß ein einziges Stück fehlte. Um des Ompu Nommensen willen zeigten sich auch heidnische Seeräuber ehrlich.

Die Entstehung der Batakkirche

Der Name Nommensen wurde dem braunen Volk zum Symbol, es begann mehr und mehr zu spüren, daß der Ompu es liebte. Darum kamen sie immer wieder von nah und fern, um zunächst einmal in ihren unzähligen körperlichen Gebrechen Rat und Hilfe bei ihm zu holen. Wo sollte er die Zeit hernehmen, um all die Kranken ärztlich zu versorgen? Er trug die Verantwortung für die ganze Landschaft; Predigtdienst, Förderung der Gemeindeältesten, Beeinflussung der Schulen mußten den Vorrang haben. Viele Wünsche und Anliegen der Missionsgeschwister drangen zu ihm; Sorgen machte auch die Ausbildung der Lehrer und Eingeborenenprediger; Kirchenordnungen und Gesetze für den gemeindlichen Zusammenschluß mußten beraten werden.

Es war segensreich für die Ausbreitung des Wortes Gottes in Sumatra, daß Nommensen gesunde Arbeitsmethoden befolgt hat. Man war hier nicht wie auf anderen Missionsfeldern genötigt, durch Freikaufen von Sklaven, Anlage von Christenreservaten oder durch Kulturarbeiten um Übertritte zu werben und die wenigen gewonnenen Christen von ihren Volksgenossen abzusondern. Von Anfang an gab Gott den gesunden Gedanken, die gewonnenen Christen sollten nun ihrerseits in Gemeinde und Schule mitarbeiten, ihre heidnischen Volksgenossen mit dem Evangelium bekannt machen und die Gemeindebedürfnisse selbst aufbringen. Die wachsende Arbeit gab Anlaß, diesen Weg unbeirrt weiterzugehen, zumal Gott es schenkte, daß es an Eingeborenen nicht fehlte, die zur Mitarbeit geschickt und willig waren. Es war gut, daß Nommensen die besten Glieder der Gemeinde zu sogenannten Ältesten machte und dadurch die in den Gemeinden schlummernden Kräfte weckte. Mit Mängeln mußte er natürlich rechnen und entsprechend Geduld haben. Bald wuchsen sie aber in ihre Pflichten hinein, und der Segen ihrer Arbeit wurde sichtbar. Ein Teil der Verantwortung konnte auf ihre Schultern gelegt werden; mit weiser Voraussicht vermied es Nommensen, die Verantwortung zu groß werden zu lassen.

Das Arbeitsgebiet war begrenzt. Einige Familien oder eine Dorfgemeinschaft vertraute man der Obhut eines Ältesten an. In einem Ältestenkollegium fand der einzelne Förderung und Stütze. So bildete der Kreis der Ältesten den Kern der christlichen Gemeinschaft und zugleich die Körperschaft, in der Fragen des Gemeindelebens oft unter Hinzuziehung der Häuptlinge besprochen und gelöst werden konnten. Die Einbeziehung von Laien, die in Seelsorge, Unterricht, Evangelisation und Verwaltung frühzeitig mitwirkten, war von unschätzbarem Segen für die Ausbreitung und den inneren Aufbau der jungen Kirche. Den Missionaren wurden die Hände zu großzügiger Arbeit frei und die Gemeinden davor bewahrt, wohlbehütete Kinderstuben zu werden. Von Anfang an war die Batakkirche keine Pastorenkirche, in der die Missionare alle Last der Verantwortung trugen, sondern ein Leib mit vielen tätigen Gliedern. Der praktische Sinn und der klare Blick Nommensens half dazu, daß unter den Ältesten eine Fülle von Gaben und Kräften geweckt wurde, so daß einzelne von ihnen, als weitere Missionare nicht zur Verfügung standen, für den Dienst als Lehrer und Prediger vorbereitet werden konnten. Ihre kraftvolle Hilfe machte es möglich, jede neugegründete Missionsstation zu einem Zentrum christlichen Lebens und christlicher Unterweisung mit großer Ausstrahlungskraft zu machen.

Als die Gemeinden immer größer wurden, erwachte das Bedürfnis nach einer Kirchenordnung. Feste Formen erwiesen sich für die mitten in einer heidnischen Umwelt entstehenden jungen Gemeinden als notwendig zur Abgrenzung und Orientierung. Die jungen Christen brauchten Anweisungen, Gebote und Verbote, um den rechten Weg zu finden. Nommensen erkannte beizeiten, wie wichtig es ist, daß Christen in eine feste christliche Sitte und Gewöhnung hineingestellt werden, die für jede Pflege christlichen Lebens unentbehrlich ist.

Ein Zusammenschluß der Gemeinden, die sich über das ganze Land hin als Bekenner eines Glaubens und Diener eines Herrn erstreckten, ergab sich ohne Zutun der Missionare, die eine derartige Entwicklung kaum vorausgesehen hatten. In der Bildung des Kirchenverbandes wählte Nommensen im Einvernehmen mit der Rheinischen Missionsgesellschaft zum erstenmal in der Missionsgeschichte für die Heidenchristenheit die Form kirchlichen Lebens. Alle verantwortlichen Missionskreise sahen klar, daß der Aufbau einer heidenchristlichen Kirche der Eigenart des missionierten Volkes entsprechen mußte, wenn er das christliche Leben fördern und nicht hemmen sollte. Deshalb wurde sorgfältig geprüft, welche Wege Gott hier wies, und nicht in der Weise verfahren, kirchliche Formen Europas einfach auf die batakschen Gemeinden zu übertragen.

Die Missionsarbeit in den Bataklanden war von der Einzelbekehrung ausgegangen und hatte sich zur Volkschristianisierung entwickelt. Natürlich gestaltete sich die Missionstätigkeit in ihren Anfängen grundsätzlich so, daß Wortverkündigung und Seelsorge auf die Gewinnung einzelner Menschen abzielten. Dazu schenkte Gott seinen Segen; in vielen Fällen überwand sein richtendes und tröstendes Wort Herzen, die in rachedurstiger und tobender Feindschaft gegen das Evangelium gewütet hatten. Über eine solche Veränderung konnte man dann jedesmal nur staunen: Es war ein Wunder Gottes! Es konnte aber nicht ausbleiben, daß aus den einzelnen, die in heidnischer Umgebung ihren neugefundenen Glauben bekannten, kleine Gruppen entstanden. Diese Gemeinden wuchsen, immer mehr „Lernende" kamen hinzu, die sich taufen lassen wollten und ehrlich gewillt waren, mit dem Heidentum zu brechen. Ihr Verhalten überwand allmählich auch den abseits stehenden Teil der Bevölkerung. Das Christentum siegte über das Heidentum, oft auch bei denen, die noch nicht reif waren, die Gaben des Evangeliums innerlich zu erfassen, ohne daß ihnen der Weg erleichtert oder eine Ermunterung vorausgegangen war. Besorgt verfolgten die Missionare diesen Umschwung; denn es war ihnen klar, daß hier unter Umständen schwerere Gefahren für ihre Gemeinden drohten, als sie der Kampf mit einem widerstrebenden Heidentum gebracht hatte.

Dennoch konnte der Lauf der Ereignisse nicht gehemmt und den Heiden, die Zugang zum Taufunterricht begehrten und gründliche Unterweisung im christlichen Glauben erhielten, eine Aufnahme in die Gemeinde nicht verwehrt werden. Die Erfahrungen der Batakmission bestätigten, daß es Hauptaufgabe des Missionars bleibt, einzelne Seelen zu einer Begegnung mit dem Herrn Christus zu führen. Zugleich leisteten aber kleinere Kreise gewonnener Christen für ihn wertvolle unterstützende Dienste, um die Botschaft in das ganze Volk hineinzutragen. Die Geschichte der Batakmission ist ein Beweis dafür, wie Gott auch oft gegen alle menschlichen Pläne und Grundsätze handelt, wenn er zu seinem Ziel kommen will.

Hauptträger der Kirchenordnung waren Älteste, Lehrer, Prediger, Häuptlinge. Diesem Helferstab, an dessen Spitze jeweils ein Missionar stand, wurde die Leitung der Gemeinden anvertraut, die Landschaften kamen zu Konferenzen (Synoden) zusammen. Die oberste Spitze bildete das Amt des „Ephorus", ein Titel, der noch heute verwandt wird, und dessen erster Träger Nommensen war. Es ging ihm nicht um irgendwelche Führungsposten oder hierarchische Ordnungen. Es ging bei aller Organisation um ein einziges Ziel: daß Gottes Wort so rasch und so nachdrücklich wie möglich weitergetragen werden konnte.

Die Hauptaufgabe bestand darin, den inneren Ausbau der Gemeinden zu fördern. Gottesdienst, christliche Feste, Bibelstunden, Konfirmandenunterricht bildeten das Kernstück christlichen Gemeindeaufbaus. Die Sonntagsgottesdienste wurden abwechselnd vom Missionar und von seinen Helfern gehalten. Die Eingeborenenprediger erwiesen sich als gewandte Redner und vermochten mit Geschick und Wärme Gottes Wort auszulegen. Sonntagsruhe herrschte allgemein. Der Besuch der Gottesdienste wechselte dem batakschen Volkscharakter entsprechend zwischen begeistertem Einsatz aller Kräfte und Zeiten großer Ermüdung. Liebevolle Zucht konnte nicht entbehrt werden, ohne unermüdliches Ermahnen schwankte das kirchliche Leben auf und ab. Große Bedeutung maß man dem Taufunterricht bei, der lange und sorgfältig erteilt wurde. Die Taufbewerber fanden mit Handschlag vor der Gemeinde Aufnahme in die Schar der Lernenden und versprachen damit, von allem heidnischen Wesen zu lassen, regelmäßig die Gottesdienste und den Unterricht zu besuchen. Den Abschluß des Taufunterrichts bildete eine Prüfung der Katechumenen, der die feierliche Taufe folgte. Als Namen erbaten sie biblische, oft auch bataksche Namen wie Treu, Fest, Rein, Hoffnung, Glaube.

Die Feiern des heiligen Abendmahls gestalteten sich zu besonders würdigen Höhepunkten. Litten die gewöhnlichen Gottesdienste sehr darunter, daß die Mütter ihre Kinder mitbrachten und infolgedessen Ruhe und Andacht sehr zu wünschen übrig ließen, war bei den Abendmahlsfeiern, wo keine Kinder mitgebracht wurden, der Charakter der Stunde weihevoll. Seelsorgerliche Besprechung mit dem einzelnen oder den Familien ging voraus. Mit allem Ernst sah man darauf, daß vor dem Abendmahl alle Streitigkeiten und Feindschaften ausgeglichen waren. Die Christen nahmen es mit dieser Bestimmung sehr genau; gelang es nicht, eine Verstimmung zu beseitigen, wurde auf die Teilnahme am Abendmahl lieber verzichtet.

Von Anfang an legten die Christen eigene Friedhöfe an. Anfänglich war es keine leichte Aufgabe, die Christen zu bewegen, die übliche Totenklage aufzugeben. Die Heidensitte forderte im Augenblick des Ablebens eines Familiengliedes jammervolles Geheul, tagelangen traurigen Trommelklang. Es kostete manche Mühe, den Christen solche Totenehrung als unvereinbar mit ihrem Christenstand deutlich zu machen, besonders dann, wenn heidnische Verwandte diese Sitte gewahrt wissen wollten. Oft halfen sich die Missionare damit, daß sie Schulkinder mit einem Lehrer in das Trauerhaus schickten und dort halbe Nächte lang singen ließen. Später konnte man

Posaunenchöre, deren Instrumente von Ravensberger Gemeinden gestiftet waren, am Trauerhaus und am Grab spielen lassen, die den heidnischen Lärm zum Verstummen brachten. Christliche Familien bezeugten bei Todesfällen im Gegensatz zu der sonst geübten Totenklage das Evangelium als eine Gotteskraft und eine lebendige Hoffnung.

Bei allem menschlichen Bemühen und mit Hilfe der Kirchenordnung brachte der Same des Gotteswortes viel Frucht. Das Glaubensleben der braunen Christen wies einen erfreulichen Tiefgang auf; es gehörte zu den Vorzügen der Heidenchristen in Sumatra, daß sie den lebendigen Gott, den Allmächtigen, den fürsorgenden Vater in fröhlichem Glauben erfaßten und in ein persönliches Verhältnis zu ihm traten, das sich in kindlichem Gebetsleben äußerte. Regelmäßige Gebetsversammlungen der Ältesten und der reifen Christen fanden statt. An den Gebetswochen beteiligten sich erfreulich viele Gemeindeglieder. Es war keine Seltenheit, daß hundert bis hundertfünfzig Gläubige jeden Morgen in der Kirche zusammenkamen. Sie hörten die Botschaft von der Sündenvergebung in Christus, der sich für sie hingegeben hat, und freuten sich darüber. Solches Erleben Gottes und des Heilandes machte es ihnen möglich, mit dem Heidentum ganz zu brechen und selbst die Bande der Volkszusammengehörigkeit für nichts zu achten. Die batakschen Christen lernten es, an die Auferstehung der Toten und ein ewiges Leben zu glauben, und gaben damit einen besonders eindrucksvollen Beweis von ihrem Verhältnis zu Gott. Dieser Glaubensartikel fiel ihnen nicht ganz leicht, stand er doch in schärfstem Widerspruch zu ihrem animistischen Denken, das dem Gedanken der christlichen Hoffnung ganz und gar entgegenstand. Wenn Heiden und Taufbewerber die Botschaft vom ewigen Leben erst als unannehmbar bezeichneten, später aber, von dem

Zeugnis des Missionars erschüttert, den fröhlichen Glauben an ein ewiges Leben in Gemeinschaft mit Gott gewannen, so war das ein Zeichen für die Echtheit ihrer Umwandlung. Diese Echtheit offenbarte sich zuletzt durch seliges Sterben und Getröstetsein beim Tode ihrer Angehörigen.

In vielen Fällen zeigten sich die Christen auch im Leiden stark. Da hatte einer Sohn und Tochter verloren und mußte ein Jahr später auch seinen letzten Sohn hingeben, während Tochter und Schwiegertochter schwer erkrankt waren. Alle heidnischen Verwandten rieten ihm, Gott den Abschied zu geben; aber er wies sie alle ab, machte am Grab des Sohnes aus seiner Christenhoffnung kein Hehl und forderte die anwesenden Trauergäste auf, mit ihm den Weg der Nachfolge Jesu zu gehen.

Jedem Batak fiel es schwer, einem Feind die Hand zur Vergebung zu reichen. Wie stark das Christentum diese Menschen bis ins Innerste ihres Wesens verändert hatte, zeigte sich bei vielen darin, daß sie vergeben lernten. Da sollte eine Witwe zusammen mit einem Häuptling getauft werden, der früher – nicht vorsätzlich – ihren Mann getötet hatte, und der nun bat, daß die Frau ihm vor der Taufe die Hand geben möchte zum Zeichen, daß alles vergeben ist. Die Frau entgegnete: „Ich habe in meinem Herzen alles vergeben; aber meine Hand in die Hand legen, die meinen Mann getötet hat, das wird mir zu schwer." Nach langem inneren Kampf überwand sie sich, am ganzen Körper zitternd legte sie ihre Hand in die des ehemaligen Feindes zum Zeichen der völligen Vergebung.

Natürlich waren die jungen Christen nicht fehlerlos. Eine Christin bekannte: „Ich bin so traurig, weil der alte Mensch und der weltliche Sinn immer noch den Sieg davontragen. Der Geist Gottes hat mich schon oft ermahnt, einem Armen etwas zu bringen oder dies und jenes Gute zu tun. Dann will ich es wohl tun, aber schließlich tue ich es doch nicht. So wird der neue Mensch in mir durch die Liebe zum Geld und zur Welt immer wieder besiegt."

Aus alten Zeiten brachten die Bataks ein belastendes Erbe mit: Hang zur Lüge, die unter den Heiden als Kunst galt, Unredlichkeit, Mangel an Barmherzigkeit. Von Natur war der Batak grausam, selbstsüchtig, hinterlistig, rücksichtslos, schlau, geschmeidig. Diese Charakterschwächen wurden durch die Bekehrung nicht in einem Tag abgelegt, auch nicht in einer Generation; das erforderte einen steten Kampf. Wenn die Lüge als Unrecht empfunden wurde, war es ein Erfolg. Die Gewöhnung saß tief, und die Versuchung war groß. Ein Taufbewerber sagte ganz ernsthaft: „Wenn ich nicht mehr lügen darf, dann ziehe ich auf dem Markt den kürzeren. Es dürften dann wenigstens alle anderen auch nicht mehr lügen und betrügen."

Doch das Evangelium weckte in ihnen den Wunsch und die Kraft, den Kampf gegen solche Übel und Fehler aufzunehmen. Zu dieser Zeit konnten die Gemeinden das Gesetz als Erziehungsmittel nicht entbehren; in den Predigten wurden immer wieder die christlichen Tugenden verkündigt, wobei Christus als die Quelle der Kraft für ein geordnetes Christenleben den Mittelpunkt bildete.

Sehr früh erkannte Nommensen, wie sehr geeignete Bücher den inneren Aufbau der Gemeinde fördern können. Die Bataks besaßen von altersher eine eigene Schrift, die aber lediglich zur Aufzeichnung von Zaubersprüchen, Opferzeremonien sowie Wahrsagergeheimnissen diente. Sie konnte nur von den Zauberern, ihren Schülern und einigen Gebildeten gelesen werden. Für die erste Zeit war man also allein auf das verkündigte Wort angewiesen. Nach dem Entstehen der ersten Gemeinden ergab sich das Bedürfnis nach Bibel, Katechismus und Gesangbuch. Die Schulen brauchten Lehrbücher. Neben aller anderen reichlich vorhandenen Arbeit mußten Übersetzungen und Schriften in der Landessprache geschaffen werden.

Nommensen übersetzte zunächst die alttestamentlichen Geschichten und ließ sie in batakscher Sprache drucken. Er sorgte für eine Übersetzung des Katechismus, wobei er sich, der Eigenart des Volkes entsprechend, einige Änderungen erlaubte. Er ging bei den Zehn Geboten von der reformierten Fassung aus und hob besonders stark das Verbot hervor, sich Bilder und Gleichnisse zu machen. Bei den Erklärungen der Gebote berücksichtigte er die Besonderheiten der batakschen Verhältnisse.

Die Bataks sangen sehr gerne, daher entstand bald rege Nachfrage nach christlichen Liedern. Nommensen und einige Mitarbeiter stellten zunächst Liedblätter zusammen, die später zu einem Gesangbuch vereinigt werden konnten.

Nach einigen Jahren erschien die Übersetzung des Neuen Testaments von Nommensen für das Tobaland in lateinischer und batakscher Schrift, die sich allgemein einbürgerte und Übersetzungen in andere Landesdialekte schließlich unnötig machte. Die Herstellung übernahm die Britische Bibelgesellschaft, so daß der Preis sehr niedrig gehalten werden konnte. Ein batakscher Christ meinte deshalb einmal: „Aus dem billigen Preis kann man versucht werden, einen Schluß auf die christliche Religion zu ziehen. Ein Zauberer würde für ein solches Buch wenigstens 50 Dollar fordern."

Nommensen veröffentlichte lehrreiche christliche Geschichten, die in batakscher Schrift gedruckt und weit verbreitet wurden. Einen wichtigen Dienst leistete später das christliche Gemeindeblatt „Immanuel" mit seinen erbaulichen, belehrenden und erzählenden Aufsätzen. Durch zunehmende Mitarbeit der eingeborenen Gehilfen entwickelte sich ein reger Meinungsaustausch, bei dem allgemein interessierende Fragen aufgeworfen und beantwortet werden konnten. Ein Volkskalender fand in allen Gemeinden Verbreitung und trug dazu bei, Schätze des Glaubens und des Volkstums lebendig zu erhalten. Nach und nach entstanden auch Bücher, die von Eingeborenen geschrieben waren und ihre Literatur und Sitten behandelten: das soziale Leben der Bataks, bataksches Recht und Sitte, bataksche Sprichwörter, Fabeln und Märchen. Jedes neue Buch wurde von Lehrern und Ältesten als Bundesgenosse begrüßt, denn sie stifteten unendlichen Segen. Zeitschriften, Kalender, Traktate erfüllten eine wichtige Aufgabe an Heiden und Christen. Darum verwandte man viel Sorgfalt auf die Pflege dieser Arbeit für den inneren Ausbau der Christengemeinden.

Die Entwicklung, die die Batakmission nahm, war ein Zeugnis dafür, wie Gott selbst hier am Werk war. Gott berief sich in Nommensen ein mit besonderen geistigen und geistlichen Gaben ausgerüstetes Werkzeug. Nach schweren Anfängen, die an seinen Glauben und an seine Geduld die stärksten Anforderungen stellten, durfte er die Wandlung der Bataks vom rohesten Heidentum zum Christentum miterleben und durch seinen treuen Dienst an dieser Wende mitarbeiten. Nicht die Klugheit von Menschen, nicht besonders günstige Umstände brachten die Entscheidung in diesem Kampf. Dieses Ringen zwischen Gutem und Bösem ließ etwas ahnen von der grauenvollen Macht des „Fürsten dieser Welt". Paulus veranschaulichte es mit dem Wort: „Wir haben nicht mit Fleisch und Blut zu kämpfen, sondern mit Fürsten und Gewaltigen, nämlich mit den Herren der Welt, die in der Finsternis dieser Welt herrschen, mit den bösen Geistern unter dem Himmel."

Das stolze Batakvolk mit seinem finsteren Heidentum, das sich gegen das Evangelium bis zum Letzten wehrte, war dem Reich Gottes näher als Völker, die dem Evangelium widerstandslos zustimmten, ohne von ihm wirklich überwunden zu sein. Das Evangelium von Jesus Christus, Gottes Sohn und Heiland der Welt, erwies sich als kraftvoll und weltüberwindend.

Grund zum Danken

Am 7. Oktober 1911 konnte das Land ein doppeltes Jubiläum feiern. Die Batakmission bestand fünfzig Jahre, und Ephorus Nommensen, Doktor der Theologie seit seinem 70. Geburtstag, konnte sein goldenes Amtsjubiläum begehen. Seine Bescheidenheit und stets geübte Zurückstellung der eigenen Person sträubten sich gegen jede öffentliche Ehrung. Es blieb ihm aber nichts weiter übrig, als auf dem Festplatz zu erscheinen, den 12 000 Christen füllten. Miteinander lobten sie Gottes Barmherzigkeit und Gnade auf demselben Marktplatz Sitahuru, wo vor fünfzig Jahren der junge Missionar den Ahnengeistern hatte geopfert werden sollen. Häuptlinge und Älteste legten bewegten Herzens Zeugnis davon ab, was Gott an dem Batakvolk getan hatte; die große Wandlung wurde an diesem Dankfest sichtbar in den vielen Kirchen, die mit ihrem schlichten Weiß überall von den grünen Rändern des Tals herüberleuchteten und mit ihren Glocken Christen und Heiden zum Gottesdienst riefen.

Unter ihnen stand ihr Ompu Nommensen, der mit dem Bibelwort vor einem halben Jahrhundert das helle Licht in die Finsternis des Heidentums getragen hatte. Er wirkte als einer der letzten noch lebenden „Apostel der

Bataks", die den Eckstein zum Bau des Reiches Gottes in Sumatra gelegt hatten. Ungebrochen in seiner Schaffenskraft war er bereit, den Dienst an den braunen Menschen unermüdlich weiter zu tun.

Wenige Tage später strömte noch einmal eine unübersehbare Menschenmenge auf seiner Station Si Gumpar zusammen, die mit ihm einen Dankgottesdienst zu feiern begehrte. Wer erwartet hatte, Nommensen könne und werde aus seinem bewegten Leben vieles erzählen, wurde enttäuscht. Er sprach kein Wort von sich, seine Predigt bildete ein einziges Gotteslob, dem er die Mahnung an das Batakvolk anfügte: „Vergiß nicht, was er dir Gutes getan hat! Bei diesem Herrn bleibe! Er hat Kraft für die schwachen Menschen, sie zu erlösen von aller Sünde und Furcht."

In diesen erhebenden Tagen mußte eine Fülle von Erinnerungsbildern vor den Augen des „Vaters der Bataks" lebendig werden. Bilder von Schwierigkeiten, aber auch Herrlichkeiten. Da waren ihm auf seinen vielen beschwerlichen Reisen im Urwald die langen, im Gänsemarsch einherkommenden Scharen der Bataks begegnet, die auf ihren Schultern Handelsware trugen, um in der Hafenstadt Sibolga Tauschwaren dafür zu empfangen. Wie fröhlich war ihm da so manches Mal ihr Gruß entgegengeschallt: „Tabe, Tuan!" An dem Leuchten ihrer Augen spürte er: Christen aus den Bergen wanderten da im Zug und grüßten ihren weißen Bruder.

Wie herrlich war immer wieder der Blick in das Tal Silindung gewesen mit dem Kranz seiner Kirchen und dem vielstimmigen Abendläuten des Sonnabends! Der Sonntag sah Scharen von Kirchgängern unterwegs, die ein erstes Heimatgefühl entstehen ließen und Gedanken an die werdende Volkskirche inmitten der Berge Sumatras. Von Station zu Station galt der Besuch den Gemeinden oder der Erkundung noch nicht erfaßter Dörfer, geleitet von batakschen Jungscharen oder geführt von landeskundigen Freunden in ständiger Bereitschaft, mit den Urhebern der vielen Tigerspuren zusammenzustoßen, in ständigem Kampf mit dem Gelände. Wie oft rutschte er bei der Durchquerung der vielen Schluchten, mühsam sein Pferd bändigend, die Steilhänge hinunter und kam selten ohne Sturz auf der anderen Seite wieder hinauf!

Eigentümlich war das Land der Steppe, eine einzige Grasfläche und Farnwildnis, hin und wieder unterbrochen von sandigen Stellen mit wasserhellem Gesteinsplitter, der im grellen Sonnenglanz das Auge blendete. Einzelne tiefe Schluchten bargen Bachläufe, an deren breiteren Ufern einige Reisfelder kümmerlichen Ertrag abwarfen. Dazu erforderte die Begegnung mit den fremden Landeskindern ein starkes Maß an Gewöhnung. Fremd ihre Sitten und ihr Aussehen, vom schön gestalteten Menschen bis zum gebeugten, kropfbehangenen Alten, der zuweilen obendrein noch eine faustgroße Schwiele im Nacken hatte vom Lastentragen und Wasserholen. Der Ausdruck der Gesichter wechselte zwischen der Offenheit junger, unentstellter Burschen bis hin zum Schurkengesicht alter Häuptlinge, zwischen deren nicht nur abgefeiltem, sondern auch altersschwachem Gebiß der rote Sirisaft vom ständigen Betelkauen heraustroff. Oder welchen Anblick boten vor Furcht zitternde alte Frauen, denen die schwarzen, nie gekämmten Haare schlangenartig vom Kopf fielen bis auf die ausgedörrte, pergamentlederne Haut des Oberkörpers, die sich ungepolstert straff über die Knochen spannte! Alles um ihn her war fremd. Nur eines klang wie in der Heimat: das Weinen der kleinen Kinder.

Aber schnell hatte er durch die Maske hindurchsehen gelernt und erkannt, daß hinter den frechsten Augen oft die größte Furcht wohnte, hinter scheinbarer Großspurigkeit und stolzem Dünkel verbarg sich der gebundene

Mensch in Angst und Furcht vor den Geistern. In aller Schwachheit und eigenem Unvermögen wurden die Kraft und der Sieg dessen offenbar, der in den Schwachen mächtig ist. Ein leidender Bruder rief in ihm stets seine ganze erbarmende Liebe wach, eine Liebe, die wußte, in wessen Dienst sie kämpfte, und aus welcher Quelle sie sich stärkte.

Einmal hatte ein überall herumspürender Häuptling einen Kompaß entdeckt und geriet darüber samt seinen Gefährten in nicht enden wollendes Staunen. Über dem Betrachten des zitternden Metallstückchens, das immer nach Norden wies, waren ihnen die Zigarren ausgegangen, mit denen sie dem Tuan kurz vor der Schlafenszeit die Stube verräucherten. Aufmerksam hatten sie gelauscht, als der Missionar sagte: „Freunde, so wie das Stückchen Metall seid ihr auch. Alle Menschen gleichen dem unruhigen Ding da hinter dem Glas. Der große Gott hat in eure Seele das Verlangen hineingelegt, ihm zu dienen und sich nach ihm zu richten, wie das Metallstück sich nach Norden richtet. Aber seht, wenn ich diesen Hebel bewege, steht die Nadel fest. So halten euch die Geister und Zauberpriester fest, daß ihr nicht könnt, wie ihr wollt. Erst der Herr Jesus macht euch recht frei von der Furcht und der Knechtschaft eurer Herzen, über die die bösen Geister herrschen, so wie durch den Druck des Fingers die kleine Nadel wieder frei wird. Ihre Sehnsucht treibt sie nach Norden, ganz tief in euren Herzen treibt sie euch zu Gott, der euch Leben und Gesundheit gab."

Noch an diesem Abend kam die Bitte aus dem Mund eines Mannes: „Tuan, lehre uns zu dem großen Gott beten, lehre uns lesen in dem Buch des Lebens, darin du immer liest!" So fingen immer ein paar Herzen an, Ernst zu machen mit dem neuen Weg, der sie wegführte von der Vätersitte und nachbarlichem Aberglauben. Von demselben Augenblick an mußten sie oft schon um Jesu willen leiden und, wie es die Bibel ausdrückt, ihr Kreuz tragen. Für den Ernst und die Lauterkeit ihrer Umkehr erwies sich dieses Kreuz als Prüfstein.

Schwer war es damals, als die Pocken kamen; aber zugleich wurde es eine Zeit des Erwachens. Kampf, Mutlosigkeit und Rückfälle blieben zwar niemals aus in den Gemeinden; doch aus dem Verfall eines zusammenbrechenden Heidentums erwuchsen immer neue Siege, entstand immer mehr echtes christliches Leben. Als die Gemeinden stärker wurden, nahmen die Rufe nach Entsendung von Predigern und Lehrern zu. Damit gelang es, die heidnische Opfersitte und den Geisterdienst zurückzudrängen und nach und nach zu überwinden. Es mußte immer wieder wie ein Wunder erscheinen, wenn nach erbitterten Kämpfen mit dem Haß der Zauberpriester, die um jeden Fußbreit des Einflusses ihrer Zauberei rangen, die Erhörungen der Gebete und die segensreichen Wirkungen der Krankenbehandlungen mit Händen zu greifen waren.

Es war wie zu jener Zeit der ersten Liebe in Griechenland, Kleinasien und Rom, wo der lebendige Herr sich als der Herrscher über Menschen und Mächte erwies und Taten geschehen ließ, vor denen Menschen nur anbetend Dankesworte stammeln konnten. Mitunter war der Beistand des großen Siegers über die Mächte der Finsternis an den Brennpunkten des Kampfes deutlich zu spüren. Wo der eigene Verstand nur noch mit Bitterkeit der Falschheit und Untreue von Menschen gedachte, wo wir in Ohnmacht zitterten, da zerschlug Gottes Macht die Anschläge aller Widersacher.

Sonntag um Sonntag läuteten die Glocken; eine Stunde später erklangen die ersten Lieder der Kranken vor dem Missionshaus, mit denen ein Lehrer die Morgenandacht hielt. Da kam ein Kind mit Brandwunden, mancherlei Augenkranke, Fieberkranke, Wassersüchtige, Frauen mit

Unterleibsleiden, ihnen allen galt der erste helfende Dienst. Dann begann das Kirchenläuten. Die Kirchgänger lagerten bereits unter den Bäumen, festlich gekleidet erschienen die Kinder. Ein Harmonium begleitete den kräftigen Gemeindegesang, ein Ältester erzählte das Sonntagsevangelium. Von Schülern wurde in Frage und Antwort das erste Hauptstück aufgesagt, von einem Häuptling stellvertretend für die Gemeinde das Glaubensbekenntnis gesprochen. Junge Mädchen sangen im Chor; Berichte aus den Filialen folgten, die neue Arbeit für die kommende Woche ergaben.

Verändert hatte sich das Bild der Gemeinde: Aus umkämpften Tälern waren Täler des Friedens geworden. Junge Christen, wohl mit allerlei Mängeln behaftet, aber voll echten Frömmigkeitsernstes bevölkerten die Dörfer eines befreiten Landes. Das Land blieb Kampfgebiet, aber über ihm lag ein Glanz von dem Glück und dem Wissen um das Reich, in dem Friede und Gerechtigkeit wohnen. Nach und nach ging die Saat des Gotteswortes auf, das ja nie leer zurückkommt.

Unvergeßlich blieb der erste Anblick der Ärmsten der Armen in Sumatra: der Aussätzigen. Gefürchtet und gemieden jagte man sie einst in die Wälder, hatte auch nicht davor zurückgeschreckt, diese Unglücklichen lebendig zu verbrennen. War der Heide ein angesehener Mann, so wagte niemand etwas gegen ihn zu unternehmen, und er blieb unbehelligt im Dorf. Die Schutzlosen dagegen wurden erbarmungslos aus den Dörfern gejagt, bauten sich im Freien eine elende Hütte, wohnten in Höhlen und lebten von Diebstahl, den sie im Schutz der Dunkelheit verübten. Mitleidlos überließen die Heiden den Aussätzigen seinem Schicksal.

Christliche Barmherzigkeit konnte an diesem Notstand nicht vorübergehen. Huta Salem war der Sammelpunkt eines Werkes der Barmherzigkeit geworden. Im eigenen Dorf konnten sie sich selbst versorgen und verbinden und die vorhandenen Schwefelquellen zur Linderung nutzen. Die grausame Krankheit erforderte es, daß Ehepaare nicht zusammensein durften. Im Anfangsstadium der Krankheit verrichteten die Kranken leichte Dienste, bearbeiteten Gärten, kochten das Essen. Mit dem allmählichen Versagen der Glieder – Finger, Zehen faulen ab – endete der Zersetzungsprozeß tödlich, der mit medizinischen Mitteln nicht aufzuhalten war. Nicht ohne Rührung war es mitanzusehen, wie die Hilflosesten von den noch Beweglichen versorgt wurden.

Es wäre dennoch nur ein unendlich trauriges Dasein gewesen, wenn nicht der Glaube an die andere Wirklichkeit jenseits von Not und Krankheit auch dem Kränksten als Licht aus der Höhe geleuchtet hätte. Täglich versammelten sie sich in den Häusern und in der Kirche um das Evangelium. Geborgen in einer Anstalt wußten sie nun, daß nicht Giftdämpfe, allerlei Heidenspektakel sowie alle möglichen und unmöglichen Instrumente nötig waren, um sie von bösen Geistern zu befreien, ehe eine Gesundung eintreten konnte. Keiner führte mehr einen Schmerz oder Ausschlag oder Fieberhitze auf einen Geist zurück, der übertölpelt oder herausgelockt werden mußte; sie brauchten die Hilfe der Zauberpriester nicht mehr. Die Hilfeleistungen der Mission schlugen eine Bresche in diesen Bereich, hier erfüllte sich etwas von dem Wort Jesu: „Den Armen wird das Evangelium gepredigt." Menschen, die für dieses Leben keine Hoffnung mehr hatten, streckten sich mit großem Verlangen nach dem Evangelium aus, dessen Wesen sie als todüberwindende Macht begriffen. Stille Freude ergriff diese Ausgestoßenen, die, von allen Menschen bisher mißhandelt, auf einmal mitfühlende, erbarmende Liebe erfuhren. Besonderes Verständnis zeigten sie für die Hoffnung ewigen Lebens, wo auch sie glücklich, rein und gesund sein durften.

Reicher Segen lag auch auf der Arbeit der Industrieschule. In all ihren Zweigen erfüllten sich die Absichten, von denen Nommensen als Ephorus in einem Brief bei der Suche nach einem geeigneten Leiter geschrieben hatte:

„In der Goldschmiedekunst und in der Zahntechnik soll er bewandert sein und die Zimmerei, Schreinerei, Drechslerei und Schmiedekunst gründlich verstehen. Wie Posaunen gemacht, Steine und Ziegel gebacken, Uhren hergestellt und repariert werden, besonders Kirchenuhren, das muß er wissen. Auch Mühlenbau für Wasser- und Windbetrieb zum Reisschälen muß er sich gründlich ansehen, damit das leidige Reisstampfen aufhört und die armen Frauen im Lande Erleichterung bekommen, daß sie nicht immer morgens um 3 Uhr aufstehen müssen. Er muß auch zum Tierarzt, er muß sich beim Schlächter die Art und Weise des Schlachtens ansehen, damit die Tierquälerei aufhört. Über Schiffsbau mit Hinterschaufelrädern muß er Bescheid wissen. Er muß in die Druckerei, um die Maschinen gründlich kennenzulernen. Denn wir müssen mit der Zeit eine bataksche Zeitung herausgeben, sonst werden wir von mohammedanischen nichtsnutzigen Dingen überflutet."

Nun herrschte reges Leben in der Möbeltischlerei, Wagenbauerei, Bootsbauerei und Buchbinderei. Von früh bis spät ging das Hobeln, Sägen, Hämmern, Feilen, Kleben, Zeichnen unter der Leitung von Werkmeistern. Aus der Druckerei kamen alle Bücher, Zeitschriften, Traktate, Listen, Formulare, die im Batakland gebraucht wurden. Das Motorboot „Tole", das auf dem Tobasee verkehrte, wurde dort gebaut, ein batakscher Schlosser betreute es bei seinen Fahrten. Viele junge Menschen gelangten während ihrer Ausbildungszeit hier unter christlichen Einfluß und erkannten den Wert der christlichen Lehre. Nun arbeiten sie im Land verstreut als Schreiner, Klempner, Schlosser, Schmiede und beweisen täglich, daß Beten und Arbeiten einen guten Zusammenklang ergeben.

Als außerordentlich wichtig erwiesen sich immer wieder die jährlichen Konferenzen. Da saßen sie alle zusammen, die Pioniere des fortdauernden Ringens um die Befreiung des Landes von den Fesseln äußerer und innerer Not; ihre Berichte ließen den Atem der Kampfzeit spüren, die freudig und ungebeugt durchgestanden wurde. Immer wieder stand der Ruf vor ihnen, der zu neuem Vormarsch rief in Gebiete, in denen weitere Menschen sehnsüchtig auf Befreiung warteten. Der Islam griff nach diesen Menschen, die den Wust seiner Dogmen und Formen nicht verstanden. Es drohte die Gefahr, daß die Bataks von einer Finsternis in die andere gingen und die Unfreiheit blieb. Menschen konnten es nicht machen; aber im Vertrauen zu dem, der allein die Herzen erobern kann, beseelte alle ein Wille: Vorwärts!

Für diese Arbeit wünschte sich Nommensen Männer mit großem Mut und starkem Glauben, wenn er sich an die Heimat in Barmen wandte:

„Es müssen die tüchtigsten Leute sein, die wir haben. Keine heißblütigen cholerischen Naturen, sondern langmütige, freundliche, aufopferungsfähige, liebevolle Männer. Auch keine Sanguiniker, die den einen Augenblick himmelhoch jauchzen und dann gleich über kleinste Widerwärtigkeiten im Leben stolpern. Leute vielmehr, die mit Gott als der unbedingten Wirklichkeit rechnen wie mit Zahlen und sich am Anfang des Kampfes schon des Sieges freuen. Wählen Sie für uns Brüder aus, die vor keinen Strapazen zurückschrecken und mit ihrem Gott auch über Mauern springen! Augenblicksmenschen sind wenig brauchbar. So recht zähe Deutsche, wenn auch nicht allseitig begabt, die aber unseren Herrn über alles lieben, sind hier die brauchbarsten. Behäbige, Bequeme, Pedantische und Nervöse hätten wir lieber nicht. Wenn Sie junge, begabte, gesunde, gläubige, ein bißchen ängstlich-gewissenhafte, aber mit Energie und langmütiger Geduld, mit inniger Liebe zum Herrn, zu den Brüdern und zu allen Umkämpften ausgerüstete Brüder haben, die schicken Sie uns!"

Bitter war es gewesen, wenn der Vorwurf kam, daß die evangelische Mission ihren Pflegebefohlenen unverstandene dogmatische Lehrsätze und das Beten beibringt, aber die viel wichtigere Erziehung zur Arbeit und zur Kultur vernachlässigt. Die Unrichtigkeit solcher Behauptung widerlegte jeder auch nur flüchtige Besuch in Silindung und Toba. Hunderte von Schulen unterwiesen einige zehntausend Kinder; jede Missionsstation kümmerte sich um das zeitliche Wohl ihrer Gemeindeglieder; seit dem Einzug des Christentums war die Kindersterblichkeit bedeutend zurückgegangen; der allgemeine Wohlstand hatte sich allerorts gehoben.

Die Missionare wirkten auch erzieherisch auf ihre Umgebung. Ihr Häuserbau, ihre Lebensweise in gesunden und kranken Tagen fand Nachahmung, ihr Umgang mit Säge, Hobel, Hacke und Hammer verhalf diesen Geräten zu eifriger Benutzung unter den Eingeborenen. Nun entstanden luftige, saubere Häuser; Wege und Brücken erleichterten den Verkehr; die Menschen wurden reinlicher, fleißiger, gesünder. Die christianisierte Jugend hatte sich nützliche Fertigkeiten angeeignet und konnte mit Pflug, Webstuhl und Nähmaschine die Lebensverhältnisse des Landes fortschreitend verbessern.

Gärten und Anpflanzungen nutzten den Segen der Erde aus, minderten die Sorge um das tägliche Brot und halfen die verborgenen Schätze heben, an denen dies viel zu wenig genutzte Land so reich war. Keinen Augenblick lag es in der Absicht der Mission, den Bataks eine fremde Kultur überzustülpen; die Christen sollten ihre Volkseigenart beibehalten. Die Benutzung von Schuhen, europäischer Kleidung, Stühlen, Gabeln, Messern wurde deshalb niemals gewünscht oder die Gewöhnung an Bedürfnisse gefördert, die über den vorhandenen Vermögensstand hinausgingen. Reichen Nutzen stifteten aber gediegene Schreinerarbeit, die Einführung des Pfluges, die Benutzung handlicher Wagen, das Vorhandensein besserer Webstühle.

Schwer lastete die Sorge des Kampfes mit dem Islam auf ihnen. Angriff und Verteidigung, Vordringen und Verlust wechselten. Ein Bericht aus dem Süden des Landes, wo Mohammedaner der Missionsarbeit zuvorgekommen waren, bewegte Gedanken und Gebete des Ephorus; er begann einen „Zweifrontenkrieg", einen Kampf mit batakschem Heidentum und mit dem Islam:

„Man kommt von Pangaloan über Si Mangumban, wo jetzt ein kleines Gotteshaus steht; des anderen Tages nach Bulu Panjung, wo freilich kein Kirchlein steht, sondern eine Moschee; ebenso findet man eine Moschee in Antormangan. Man sieht dann rechts auf einer Anhöhe Pansur pago und Pangaran djulu mit etwa 675 Seelen; links erblickt man Si Langge mit 125 Seelen und drei Moscheen. Zehn Minuten weiter findet das suchende Auge das weiß angestrichene Kirchlein von Si Pirok. Aber was ist denn das für ein großer Palast, welcher alle Häuser weit überragt und so breit vor uns liegt? Es ist keine Schule noch Kirche, sondern Satans Stuhl und Mittelpunkt des Mohammedanismus hier. Gegenüber liegt mit Ölfarbe gestrichen und schön verziert die geräumige Wohnung des Kuriahäuptlings. Ist er Christ? O nein! Er ist ein Erzfeind des Christentums, und sein Bruder ist das Haupt der Moschee.

Da wird das Herz beklemmt und beengt; jedoch wir suchen dahin zu gelangen, wo wir früher das Türmchen sahen. Ja richtig, da steht das Kirchlein so klein, so unscheinbar, daß mir ein lieber Bruder sagte: ‚Das macht einen niederschmetternden Eindruck, wenn man das sieht.‘ Was bleibt da für ein Trost? Es gibt nur einen, und das ist das Wort des ewigen Gottessohnes: ‚Fürchte dich nicht, du kleine Herde; denn es ist eures Vaters Wohlgefallen, euch das Reich zu geben.‘

Was der Hauptunterschied zwischen Angkola und Silindung ist, wissen wir alle, nämlich, daß wir es in Toba-Silindung mit Heiden zu tun haben, welche fast ausnahmslos einsehen, daß sich ihre Religion nicht mehr halten kann, und in Angkola mit Mohammedanern, die das Christentum als eine veraltete Sache betrachten, eine Religion, welche Gott durch eine neue ersetzen mußte; mit Leuten, welche diejenigen belächeln, verspotten und anspeien, welche noch auf einen Mann am Kreuze vertrauen. Nobi Isa (der Prophet Jesus) ist ihnen ein untergegangener Stern, welcher seinerzeit barmherzig gegen die Armen, also ein guter Mann war; aber Mohammed ist der Held des Tages. Mit ihm gehen sie erst in die Hölle, um von Stufe zu Stufe mit ihm in einen Himmel zu gelangen, in welchem ihnen alles werden wird, was eine Batakseele sich wünschen kann.

Dazu kommt ein zweiter, vielsagender Unterschied, daß nämlich in Silindung alle Häuptlinge bis auf einen Christen sind; in Toba ist, soweit es unter dem Gouvernement steht, die Zahl der noch heidnischen Häuptlinge verschwindend klein. Hier dagegen sind die drei Kuriahäuptlinge und fast alle Dorfhäuptlinge fanatische Mohammedaner, welche nur auf den Zeitpunkt warten, wo sie das Christentum mit Stumpf und Stiel ausrotten können. Die Folge davon ist, daß das Volk im großen und ganzen seinen Häuptlingen in Religionssachen folgt.

In Silindung fängt man an, sich zu schämen, noch ein Heide zu sein; hier ist es eine Schande, wenn man ein Christ ist, und somit mit einem unreinen Tier verglichen wird, in dessen Fußstapfen kein reingewaschener Mohammedaner treten darf. Wenn man die Leute auffordert, bei dem Herrn Jesus ihr Heil zu suchen, dann ist noch das beste Ende des Gesprächs: Ich will einmal nachdenken; oder: Wir sind Nachfolger unserer Häuptlinge; oder: Wir würden geschlagen werden in unserem Fürstenhause, wenn wir das täten; oder: Unser Häuptling würde dann andere Leute gegen uns aufhetzen, um uns beim Kontrolleur anzuklagen, dann unsere Gegner stützen, und wir wären verloren. Will eine Familie zum Christentum übertreten, dann begräbt man nachts Frösche, Kröten, Unken unter ihrem Hause, um ihnen bösen Zauber anzutun, und man hört sagen: So muß man es Leuten machen, welche man gern los sein will; oder man speit ihnen ins Gesicht, und wenn der Lernende fragt warum, bekommt er zur Antwort: Weil du ein stinkender Christ bist und meine Fußsohlen reiner sind als du. Es bleibt dem Mann nichts übrig, als klein beizugeben und wieder Mohammedaner zu werden oder zu dulden, bis der Sturm vorüber ist. Klagt er, so stellt sich der Häuptling böse und schimpft auf die Unruhestifter, denkt aber in seinem Herzen: Wärst du nur mit deinem Christentum über alle Berge! Das sind Zustände, die man in Silindung nicht kennt. Die christlichen Häuptlinge, von denen ich mehrere hochachte, würden einem solchen Treiben bald ein Ende gemacht haben. In Angkola findet der Christ, auch wenn sein Recht am Tage liegt, keine Unterstützung bei seinem mohammedanischen Häuptling, und es ist große

Gnade vom Herrn, wenn wir unparteiische, bedächtige Beamte haben, welche nach Gerechtigkeit überlegen und erwägen, daß Mohammedaner den Christen gegenüberstehen. Bei der Masse ist es nicht der Glaube an Mohammed, welcher die Leute vom Christentum zurückhält, sondern die Furcht vor den Häuptlingen, welche die Christen als Feinde betrachten. So hat sich der Teufel eine kompakte Masse geschmiedet, an welcher alle Menschenweisheit und Klugheit zurückprallt und alle Rednergabe und theologische Gedanken einfach verfliegen. Sollen wir verzagt abziehen? Ich sage: Unter keinen Umständen! Nur durch den Glauben fielen die Mauern von Jericho. Der Fürst der Heere Gottes hat bis heute noch dieselbe Macht, darum auf Jesu Wort getrost vorwärts!"

So ducken sich neben den hoch, protzig und augenfällig zum Himmel ragenden Moscheen kleine weiße Kirchen im Schatten mächtiger Bäume, um die sich christliche Gemeinde schart und sich mit Mut und Selbstverleugnung gegen starken Haß der Mohammedaner behauptet.

Die Allgemeinheit bedeutete nirgends so viel wie im Batakland. Das zeigte sich im Bösen wie im Guten. Im Guten wirkte diese Einmütigkeit fördernd bei der überraschend schnellen Überwindung des äußeren Heidentums mit. Böse Geister und die Ahnen galten längst nichts mehr, heilige Bäume fielen unter Axtschlägen, Zauberstäbe, Dorfgötzen, Feldaltäre und Totenopfer waren verschwunden. Dabei stand zugleich die Frage auf: War innerlich damit ein Wachstum verbunden? Es drohte die Gefahr, daß der werdende Christ in Abendmahl, Taufe und Bibel magische Kraftspender sah. Es war naheliegend, manches Neue im Sinne von Altem zu mißdeuten, sehr viel Altes, kaum als Aberglaube Faßbares, und darum nicht für schwerwiegend erachtet, beizubehalten. Solche Gefahren waren bis auf unbedeutende Reste überwunden, Rückfälle ins Heidentum ereigneten sich nur noch sehr selten. Wenn sie vorkamen, folgte nicht nur ein Zurücksinken in Aberglauben, sondern auch in sittliche Haltlosigkeit. Im großen ganzen war das Heidentum innerlich überwunden, die Menschen waren frei geworden von der Furcht vor bösen Geistern, von dem unheimlichen Heer der Furchterreger in Dorf, Feld und Wald. Das war das Werk des Einen, der die Welt liebte, daß er seinen eingebornen Sohn gab, auf daß alle, die an ihn glauben, nicht verloren gehen, sondern das ewige Leben haben.

Was war das für eine bedeutsame Stunde, als Nommensen eines Tages seine Schritte zu dem Haus des Mörders von Lyman und Munson lenkte! Auf demselben Weg schritt er über das Feld, auf dem die beiden Ermordeten sich dem Dorf Sisakkas genähert hatten. Seltsame Stille lagerte über dem Land. Verwilderte Felder ringsum, kein Mensch oder Tier deutete darauf hin, daß hier Hütten zu finden waren. Grün überwucherte Brandstätten säumten den Wegrand; es schien, als habe der Mord sich an dem Dorf gerächt. Aber dann erhob sich ein meterhoher Dornwall, hinter dem die letzten Häuser sich versteckten, gleichsam um auf der Hut zu sein vor drohender Vergeltung.

Beim Eintritt in eins der Häuser sprang ein etwa sechzigjähriger Batak mit allen Anzeichen tödlichen Erschreckens hoch. Es war der Mörder Panggalamei. Er wurde bleich, Auge in Auge stand man sich gegenüber. Einige ruhige Fragen blieben ohne Antwort. Er zitterte an allen Gliedern, wurde aber von Staunen und Furcht überwältigt, als der weiße Besucher mit gütigen Worten von Frieden sprach anstatt von Rache, die nach solcher Mordtat doch hätte folgen müssen. Unter dem Vorwand, seine Frau rufen zu wollen, sprang der Mann plötzlich ins Freie. Ruhelos floh er in den nahen Urwald. Umsonst wartete Nommensen auf die Rückkehr; auch die später heimkehrenden Söhne gaben vor, nicht zu wissen, wo ihr Vater sei. In der Hütte fanden sich die Jagdgewehre der Ermordeten; grauenvoll war der Anblick eines Bündels Menschenschädel, die zu verwittert waren, um bestimmte Rassemerkmale zu erkennen. Ihre Aufbewahrung legte bestimmte Gedanken nahe.

Die Sippe der Panggalamei ist verkommen, sie hat die Botschaft vergebender und rettender Liebe in Jesus Christus niemals angenommen, auch dann nicht, als beinahe die ganze Umgegend christlich geworden war. Einen Gedenkstein errichteten Vertreter der batakschen Christenheit an der Stelle, wo die beiden Märtyrer der Batakmission ihr Leben ließen, deren Blut der Same ihrer Kirchen werden sollte. Die blutige Mordtat sollte der Missionsarbeit ein Ende bereiten, einige Jahrzehnte später versammelten sich Abgesandte der großen batakschen Christenheit in Gebet und Andacht, um das Andenken jener Zeugen zu ehren und Gottes Gnade an ihrem Volk zu rühmen: „Ihr gedachtet es böse zu machen; Gott aber gedachte es gut zu machen." Der Einbruch der beiden tapferen Männer ins Heidentum mißglückte; aber die Frohbotschaft vom Tuan Djesus brach schließlich doch alle Schranken des furchtgebundenen Heidentums, und über dem Lande erhob sich das Siegeszeichen des Kreuzes.

Da war auch jene andere Stunde im Gefängnis der Hafenstadt Padang. Ein junger holländischer Soldat erwartete die Hinrichtung, fluchte Gott und der Welt, daß sein Leben verwirkt sein sollte. Freunde berichteten von der tiefen Seelennot dieses jungen Menschen, an der man nicht vorübergehen konnte. Der Ruf „Gehet hin in alle Welt!" verlangt vom Christen ständige Dienstbereitschaft, auch wenn man auf der Reise zu einem Heimaturlaub ist. So begann im Gefängnis der Kampf um diesen jungen Menschen, und Nommensen durfte Zeuge sein, wie auch hier der Herr Christus siegte. Wie konnte er da nur dankbar bekennen: „Ich bin zu gering aller Barmherzigkeit und Treue, die du an deinem Knechte getan hast!" Im Frühlicht des Hinrichtungsmorgens begleitete der Missionar den Verurteilten zur Richtstätte. Inmitten der Garnison stand er in den letzten Minuten neben ihm, sah ihn knien mit freier Brust und beten vor allen Kameraden zu dem, in dem er seinen Meister gefunden hatte. In der Tasche der durchschossenen Brust fand sich das blutbefleckte Neue Testament des Gerichteten; rot war die Seite, die sie gemeinsam gelesen hatten: „Vater, in deine Hände befehle ich meinen Geist!" Später in Holland vernahm Nommensen von dem Dankgebet der Mutter darüber, daß der Sohn nicht verlorenging, auch wenn er so endete. Das traurige Ereignis gab den Anlaß, daß Padang fortan einen ständigen Missionar bekam, der sich besonders um die dort stationierten Kolonialsoldaten kümmern sollte. Auch dieses Kapitel gehörte zu der großen Geschichte des Ringens um Menschen, seit Jesus sprach: „Gehet also hin und macht zu meinen Jüngern alle Völker... Ich aber bin bei euch alle Tage bis an der Welt Ende!"

Lebendiges Erbe

Mitten aus der Arbeit rief Gott den rüstigen Greis im vierundachtzigsten Lebensjahr heim in die Ewigkeit. Die Trauer des Batakvolkes war groß, Tausende machten sich aus Silindung und Toba auf, um noch einmal ihren Ompu Nommensen zu sehen. In endlos langem Zug schritten sie an seiner Bahre vorüber. Viele verbanden in ihren Gedanken mit dem Leben dieses großen Missionars das Bekenntnis des Paulus: „Herrlichen Kampf habe ich gekämpft, den Lauf vollendet, die Treue gehalten." Der Geist, der unter den Bataks lebendig war, kam in dem Wort eines Pandita zum Ausdruck, der sich damit zum Mund seines Volkes machte: „Wir schauen sein Ende an und folgen seinem Glauben nach."

Sein Erbe fand treue Verwalter. Nicht zuletzt durch die Arbeit der Kongsi batak, die nur ein Ziel kannten: Missionierung der noch heidnischen Bataks durch Bataks. Verwaltung und Leitung lag ausschließlich in den Händen von Bataks; hier fand lebendiger Missionstrieb, wie er allen echten christlichen Kirchen seit Beginn der Kirchengeschichte eigen war, seine sumatranische Gestalt. Mit Einwilligung der europäischen Missionare entsandten sie aus eigenen Mitteln besoldete Evangelisten und Lehrer in alle Gebiete, die das Evangelium noch nicht erreicht hatte. Das Arbeitsgebiet erstreckte sich bis hin auf die der Südküste vorgelagerten Inseln.

In allen Gemeinden fanden regelmäßig Missionsfeste statt, auf denen die Kongsi batak die Verbindung zwischen der jungen heimatlichen Kirche und den Kampfgebieten herzustellen wußten. Überfüllt waren an einem solchen Tage die Kirchen, Posaunen schallten den Besuchern entgegen, Chöre sangen, Gemeindelieder erklan-

gen, denen die Posaunenbegleitung einen sieghaft vorwärtsdrängenden Rhythmus verlieh. Unter den Zuschauern lauschte seit Jahren mit den anderen die getaufte
Witwe des größten Christenhassers, des Singa Mangaradja, mit ihren Söhnen den Worten, die von Glauben,
Hoffen, Lieben der jungen Christenheit eines befreiten
Landes redeten. Mancher Pandita konnte es nicht lassen,
immer wieder von dem verstorbenen „Vater der Bataks“
zu erzählen, während er eigentlich von den Erfahrungen
seiner Reisen berichten sollte, auf denen er noch dunkelstes Heidentum angetroffen hatte: Altäre voll Menschenschädel und auf den Märkten feilgebotenes Menschenfleisch. In solchen Augenblicken wurde das Herz einfach
getrieben, geradezu von einer Reise mit dem Tuan Nommensen zu erzählen, die um die Nordküste des Tobasees
geführt hatte. Unvergeßlich war geblieben, wie in einem
Sturm auf dem See, als alle Bootsleute versagten, der
schon weißhaarige Nommensen wie einst als Junge an
der nordfriesischen Küste mit ruhigem Willen Ruder und
Segel bändigte und die Not des Sturmes bezwang. Allen
Bangen und Ängstlichen nahm er durch sein entschlossenes Handeln jede Furcht.

Atemlos lauschte die Gemeinde solchen Berichten von
Begebenheiten, an die sich nur noch wenige Alte erinnerten, wo von Greueln und Zauberei die Rede war, während auf die Jugend solche Dinge nur noch wie eine alte
Legende wirkten. Ein Lehrer schilderte die Angst der
Heiden, als einige Christen darangingen, für einen Brükkenbau Bäume eines für heilig gehaltenen Hains zu fällen.
Furchtsam flohen sie alle in Erwartung der Rache des
Sombaon. Sobald der erste Baum gefallen war, wagten
sich einige Heiden wieder heran; schließlich ging es
durch die Umstehenden: „Euer Gott hat gesiegt!“ Einen
Riesenbaum hatte man stehenlassen, unter dem die Christen einen Gebetsplatz einrichteten; hier ging keiner von

ihnen vorüber, ohne seines Gottes und seines Volkes zu gedenken.

Freudig leuchteten die Augen der Hörer, wenn sie vernahmen, daß der Glaube Schritt um Schritt in die Urwälder vordrang und auch vor den widerspenstigsten Häuptlingen nicht haltmachte, indem sie bekannten: „Wenn die Sonne aufgeht, wird es eben hell." Das Wort Gottes lief durch die Lande, und es wurde hell. Wenn dann die Opfergaben Zeugnis davon ablegten, daß ein befreites Land und Volk Dank opferte, erfaßte die Herzen zugleich heilige Sehnsucht, daß alle fernen Brüder, das ganze Volk der Bataks, sich zu dem einen lebendigen Gott wenden möchten.

Es ist eine Geschichte voller Wunder, auf die Sumatra zurückblicken kann, seitdem die ersten Missionare das geheimnisvolle, unbekannte Land betraten. Gott öffnete die Augen der Menschen und ebnete die Wege. Er schenkte Männer, die diese Wege gehen sollten. Hier wurde nicht vorsichtig rechnend und erwägend Schritt vor Schritt gesetzt, sondern, erfüllt von dem einen Gedanken: Vorwärts!, ging man in gesammeltem Einsatz gegen den Machtblock des Heidentums vor. Der Geist der Erweckungsbewegung, aus der die Rheinische Missionsgesellschaft hervorgegangen war, ihre Glaubenswärme, der Bekenntnisernst und der Evangelisationsdrang sprengten die Fesseln eines heidnischen Geister- und Aberglaubens.

Mochte in gewissen Zeitabschnitten mit ihren Massentaufen oder Parolen von „Volksbekehrung" und „Volkskirche" der Ruf nach persönlicher Glaubensentscheidung scheinbar übertönt werden, so ist im Grunde alle missionarische Arbeit auf Sumatra bestimmt gewesen von dem evangelistischen Trieb, der alle theologische Lehrhaftigkeit und traditionelle Form wieder und wieder durchbrach. Er beherrscht noch heute die Kirchen Indonesiens und wird immer wieder lebendig und fruchtbar in Zeugnis und missionarischer Tat.

Die blühende Arbeit der deutschen Missionare in den Bataklanden auf Sumatra wurde im Verlauf des Zweiten Weltkrieges völlig zum Erliegen gebracht. Bereits die Besetzung durch die japanischen Truppen führte alle Deutschen in die Angst und Not der Gefangenenlager. Die Nachkriegsereignisse stellten, im Zusammenhang mit der indonesischen Freiheitsbewegung, mit ihrem blutigen Ringen um Lösung von jahrhundertelanger Kolonialherrschaft auch die jungen Christengemeinden auf harte Bewährungsproben.

Das eigentliche Herz des Landes schlägt aber auch heute noch in seinen Dörfern. Da wird man geboren, da stirbt man. Auf dem Dorfplatz spielt sich der Alltag ab. Selbst der in die Fremde Gezogene kehrt immer wieder gern in sein Heimatdorf zurück. In den Dörfern stehen auch die Kirchen. Trotz vieler böser Ereignisse im kirchlichen Leben gibt es manchen Getreuen der Eingeborenengemeinde. Als auf einer Nachkriegssynode allzu harte Urteile über die Mission gefällt wurden, trat ein alter Synodaler mannhaft und unerschrocken für die Missionare ein, die nicht als fremde Eindringlinge, sondern als Boten des Evangeliums bezeichnet wurden und aus der Geschichte des Landes nicht mehr fortzudenken sind. Wie stark das Wirken der Missionare in den Herzen der Eingeborenen weiterlebt, beweist die Tatsache, daß die Gräber der in fernem Lande ruhenden Missionsboten von treuen Christen Jahr um Jahr tadellos in Ordnung gehalten werden. Bei der in diesem Land überaus üppig wuchernden Vegetation ist das keine Kleinigkeit.

In dem Landstrich um den Tobasee begegnet man heute, im Gegensatz zu anderen Gebieten, einer ausgesprochen volkskirchlichen Prägung des Gemeindelebens. Der Bund zwischen Kirche und Volksgemeinschaft ist hier eng, Splittergemeinden und Sekten gibt es kaum. Die Volkskirchlichkeit steht manchmal in der Gefahr, als eine Volksgemeinschaftsreligion die Ordnungen und Bestimmungen gleichsam zu einem Gott zu erheben. Zahlreiche geistliche Führer blicken mit Besorgnis auf diese Entwicklung und wünschen geistliche Seelsorger. Der Einzelne soll wieder mit dem Evangelium konfrontiert werden. Der Geist dieser volkskirchlichen Prägung findet starken Ausdruck in den Kirchengebauden. Wundervoll gemaserte Hölzer des Sumatrawaldes und ihre sorgfältige Bearbeitung haben wunderschöne Kirchen erstehen lassen, die andere Landesteile nicht kennen. Die Lebensdauer eines Holzbaues in den Tropen währt nicht länger als vierzig Jahre; die Gemeinden werden, wenn die Zeit zum Neubau gekommen ist, an Kirchengebäuden nicht sparen und zu Opfern immer bereit sein. In allen Kriegswirren und Nachkriegserschütterungen hat die Christenheit Sumatras Geistesfülle und Ursprünglichkeit apostolischer Zeit bezeugt. Die blühende deutsche Missionsarbeit ist zerschlagen, aber die christliche Bruderschaft der jungen Gemeinden im Batakland erweist sich als ein Sieg des Glaubens.

Der Herr der Weltmission bewies, daß er den Schlüssel in der Hand hat, der allein Türen öffnet und Türen schließt. Noch sind es nur wenige Missionare, Ärzte und Schwestern, die den Dienst auf den alten Missionsfeldern wiederaufnehmen konnten. Im Laufe eines fast hundert Jahre währenden Missionsdienstes hat Gott wunderbare Ernten reifen lassen, er hat seine schirmenden Hände über das Werk gebreitet, immer wieder Auswege gezeigt und Hilfen geboten. Mit tiefer Beschämung kann allein die Barmherzigkeit des Vaters im Himmel gerühmt werden: Herr, wir sind zu gering aller Barmherzigkeit und Treue, die du an deinen Knechten getan hast! Dir sei die Ehre in Ewigkeit!

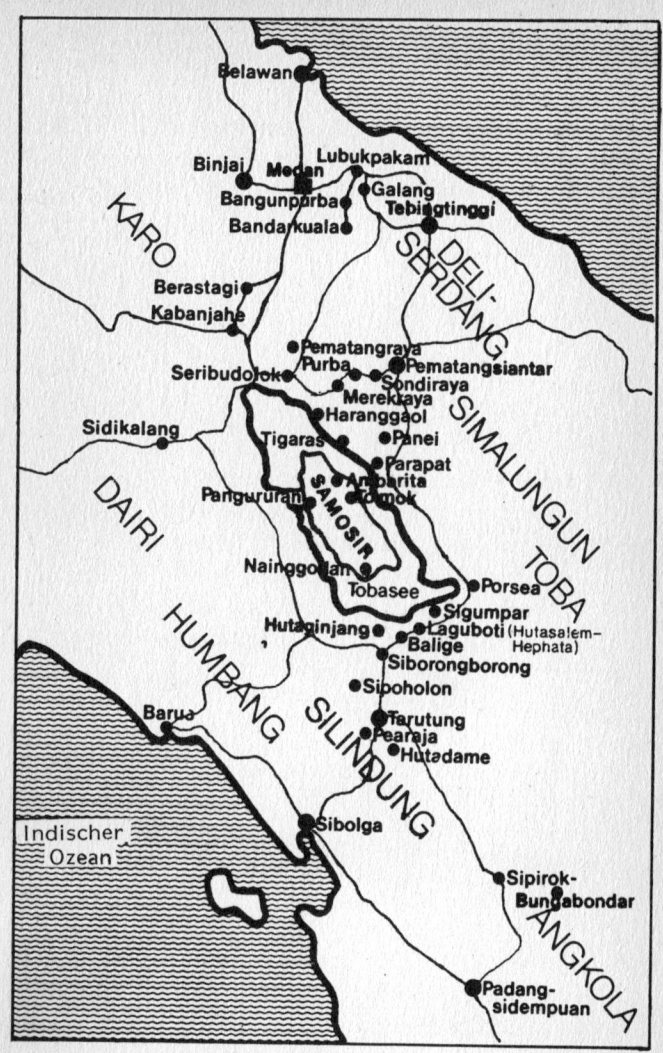

Batakland (Sumatra/Indonesien).

Jubiläumsausgabe

Zeugen des gegenwärtigen Gottes,

die bekannte Reihe mit Kurzbiographien, wird 50 Jahre alt!
Aus diesem Anlaß werden 10 Bände – leicht bearbeitet und mit
Fotos versehen – neu herausgegeben.

*„In verständlicher Sprache und komprimierter Form wird das Leben von
Menschen nachgezeichnet, deren Glaubenszeugnis auch für unsere Zeit zu
vertieftem Nachdenken einlädt."*

Landesbischof D. Dr. Johannes Hanselmann

*„Die ‚Zeugen-Reihe' hat mir schon viele wichtige Einsichten und Anstöße
gegeben. So freue ich mich, daß eine Auswahl dieser Bände neu erscheinen
wird. Ich werde, wie bisher, gerne nach ihnen greifen."*

Prälat Theo Sorg

13801 F. Seebaß
Paul Gerhardt

13802 E. Bunke
August Hermann Francke

13803 A. Pagel
Gerhard Tersteegen

13804 A. Pagel
Marie Durand

13805 F. Seebaß
Matthias Claudius

13806 A. Münch
Johann Christoph Blumhardt

13807 W. Landgrebe
l. Ludwig Nommensen

13808 N. P. Grubb
Charles T. Studd

13809 F. Seebaß
Mathilda Wrede

13810 R. Wentorf
Paul Schneider

13800
Alle 10 Taschenbücher in einer Kassette

BRUNNEN VERLAG GIESSEN

Brunnen Taschenbücher